놀면서 배우는
# 한국 축제

세계로한발짝

놀면서 배우는
한국축제

초판 1쇄 발행 2015년 9월 1일
초판 3쇄 발행 2022년 3월 4일

글 유경숙
그림 김은행

펴낸곳 도서출판 봄볕
펴낸이 권은수
디자인 이하나

등록번호 제25100-2015-000031호
등록일 2015년 4월 23일
주소 서울특별시 서대문구 서소문로 37 1406호(합동, 충정로대우디오빌)
전화 02-6375-1849  팩스 02-6499-1849
전자우편 springsunshine@naver.com  블로그 http://blog.naver.com/springsunshine
스마트스토어 https://smartstore.naver.com/shinybook  인스타그램 @springsunshine0423

ISBN 979-11-955303-4-2 73380

ⓒ 유경숙 2015

♪ 책값은 뒤표지에 있습니다.
♪ 봄볕은 월드비전을 통해 어린이를 후원합니다.

놀면서 배우는

# 한국 축제

글 유경숙  그림 김은행

봄볕

## 머리말

축제 현장은 정말 재미있고 흥미진진한 야외 교실이에요. 다양한 지역의 문화와 풍습을 골고루 접할 수 있으니까요. 과거에는 우리 축제보다 해외의 축제가 훨씬 더 관심을 끌었지만, 요즘에는 해외에서도 우리나라의 축제에 많은 관심을 보이고 있어요. 우리나라 축제는 굉장히 다양한 지역 문화를 상징적으로 보여 주거든요. 해외 친구들이 한국 축제에 대해 질문하기 전에 서둘러 살펴보는 일이 꼭 필요하겠지요?

그런 의미에서 우리나라의 지역 문화를 재미있게 살펴볼 수 있는 축제를 소개하려고 해요. 대한민국 구석구석에서 펼쳐지는 축제, 그중에서도 지역의 개성을 잘 살리고 전통을 흥미롭게 구현한 훌륭한 축제들을 골라서 소개할 거예요. 어린이들이 안전하게 즐길 수 있도록 친절하게 배려한 착한 축제들로만 골라서 말이에요.

이 책에서는 세계문화유산으로 인정받은 강릉 단오제부터 조선 시대의 아이돌 바우덕이를 기리는 안성 바우덕이 축제, 백제의 찬란한 문화

유적을 축제로 되살린 백제 문화제, 정조의 효심을 기리는 수원 화성 문화제까지 세계적으로 이름을 떨치고 교육적으로도 의미가 큰 교과서 속 우리 축제를 자세히 살펴볼 예정이에요. 교과서에서 배우는 다양한 문화 축제 중 역사적지리적으로 중요한 의미를 지닌 축제들을 골라서 설명하는 거예요. 가족과 함께 먹거리, 볼거리, 놀 거리를 즐길 수 있는 체험 축제도 자세히 소개할 거예요. 내용도 알차고 재미도 있는 인기 최고의 실속 축제와 전국에 흩어진 알짜배기 축제를 골고루 소개하고 있으니 방학 때 혹은 주말마다 즐기기에 안성맞춤일 거예요.

2015년 9월
세계축제연구소 유경숙 소장

 차례

## chapter 1  한국 축제의 역사와 특징

축제는 어떻게 시작됐을까? 10
오늘날 한국 축제와 서양 축제는 어떻게 다르지? 12
축제, 페스티벌, 카니발, 퍼레이드…… 다 같은 뜻이야? 14

## chapter 2  교과서 속 역사 축제

강릉 단오제 18    해미 읍성 축제 22    한산모시 축제 26
강진 청자 축제 30    대가야 체험 축제 33    단종 문화제 37
안성 바우덕이 축제 40    안동 탈춤 축제 44    백제 문화제 48
수원 화성 문화제 52    제주 정월 대보름 들불 축제 56

### chapter 3  알고 보면 더 신 나는 우리 축제

|  |  |
|---|---|
| 1월 | 화천 산천어 축제 62   태백산 눈 축제 66   거제 국제 펭귄 수영 축제 69 |
| 2월 | 고싸움놀이 축제 72   외암 마을 장승제 77   황도 붕기 풍어제 80 |
| 3월 | 구례 산수유 축제 83   의성 국제 연날리기 축제 86   청도 소싸움 축제 90 |
| 4월 | 진도 신비의 바닷길 축제 93   기지시 줄다리기 축제 96   문경 전통 찻사발 축제 100 |
| 5월 | 춘천 마임 축제 103   담양 대나무 축제 106   날뫼 축제 110 |
| 6월 | 무주 반딧불 축제 114   생거진천 농다리 축제 118   해운대 모래 축제 123 |
| 7월 | 아시테지 어린이 국제 연극 축제 126   별주부 마을 어살 문화제 130   품앗이 축제 133 |
| 8월 | 울릉도 오징어 축제 137   이호 테우 축제 140   아우라지 뗏목 축제 143 |
| 9월 | 평창 효석 문화제 146   민둥산 억새꽃 축제 149   함양 물레방아 축제 152 |
| 10월 | 진주 남강 유등 축제 155   양양 연어 축제 159   천수만 철새 축제 162 |
| 11월 | 순천만 갈대 축제 166   파주 장단콩 축제 169   이천 쌀 문화 축제 173 |
| 12월 | 보성 차밭 빛 축제 176   영동 곶감 축제 179   땅끝 해넘이 해맞이 축제 182 |

### chapter 4  한국의 체험 축제 베스트

고창 청보리밭 축제 188   삼척 장호 어촌 축제 192   양평 메기수염 축제 195
울산 고래 축제 198   연천 구석기 축제 201   보령 머드 축제 205
시흥 갯골 축제 208   화성 봉선 축제 212   김제 지평선 축제 216
증평 장뜰 들노래 축제 220

 부록   작지만 알찬 축제 만들기 224

# 한국 축제의 역사와 특징

# 축제는 어떻게 시작됐을까?

　세계 곳곳에는 재미있는 축제가 많아요. 신 나게 축제를 즐기다 보면 누가 이렇게 기발한 아이디어를 냈을까 궁금해지지요. 축제는 과연 누가 만들기 시작했을까요? 축제는 사람들이 모여 살면서 자연스럽게 생겼어요. 아주 오랜 옛날에는 폭풍이나 홍수 같은 자연재해, 늑대나 호랑이 같은 무서운 동물, 전염병 등 위험으로부터 스스로를 보호하기 위해 서로 힘을 합쳐야 했거든요.

　만약 총도 칼도 없는데 집채만 한 호랑이가 매일 밤 마을로 내려와 사람들을 잡아먹는다면 어떻게 해야 할까요? 힘을 모아 튼튼한 울타리나 높은 성곽을 쌓아야겠지요. 한밤에 보초도 서고요. 하지만 성곽을 쌓고, 보초를 서도 불안은 가시지 않을 거예요.

　"호랑이가 밤마다 사람들을 잡아먹으니 무서워서 살 수가 없네!"
　"아무래도 호랑이가 화가 났나 봐! 벌써 셋이나 잡아먹혔다고!"
　"1년에 한 번이라도 호랑이를 위해 맛난 음식을 차려 놓고 제사를 지내 볼까?"

"그래! 제사를 지내서 호랑이님을 달래 주자! 그럼 우리 마을은 평온해질 거야!"

사람들은 마을을 지키기 위해 호랑이를 섬기며 정성껏 제사를 지냈어요. 맛있는 음식, 흥겨운 춤과 노래를 준비했지요. 힘으로는 호랑이를 이길 수가 없으니까요. 여기서 호랑이는 뱀 같은 다른 위험한 동물이 될 수도 있고 귀신 같은 초자연적인 존재가 될 수도 있어요. 가뭄이나 홍수 같은 재앙이 될 수도 있고요. 이것이 바로 축제의 원형이지요.

우리 조상들이 축제를 통해 전해 주는 가장 중요한 교훈은 '협동'이에요. 사람들이 힘을 모아야만 공동의 위험으로부터 안전을 지킬 수 있으니까요. 그 때문에 우리나라의 전통 축제에 다 함께 참여하는 민속놀이가 많은 거랍니다. '협동'이야말로 조상들이 물려주신 진정한 우리 축제의 본질이지요.

틈 날 때마다 우리나라 전통 축제에 참여해서 다른 사람들과 신 나는 놀이를 즐겨 보면 어떨까요? 친구들과 마음을 모아 "비나이다, 비나이다. 대한민국 사람 모두 건강하고 행복하게 해 주세요!" 라고 소원을 빌면서 축제를 즐겨 보세요.

# 오늘날 한국 축제와 서양 축제는 어떻게 다르지?

고대 이집트 사람들은 하늘에 떠 있는 태양을 신이라고 생각하고 숭배했어요. 나일 강이 넘치면 태양신이 화난 거라고 생각했고, 피라미드를 짓느라 사람이 죽으면 태양신을 위한 희생이라고 생각했지요. 당연히 이집트 축제의 배경에는 항상 태양신이 자리했어요. 남미의 페루 사람들도 태양신을 모셨어요. 지금도 페루에서는 태양신을 모시는 '태양제'라는 축제가 열려요. 한편 아프리카에서는 오래된 나무나 원숭이, 뱀, 호랑이, 독수리 등을 섬겼어요.

해외 축제들을 살펴보면 오래전에는 동서양 모두 태양과 달 같은 초월적 존재, 원숭이와 뱀 같은 동물을 섬기는 축제가 많았다는 사실을 알 수 있어요. 종교, 민속신앙 같은 비슷한 이유로 시작됐기 때문이지요. 하지만 문명이 발달하면서 축제의 모양은 점점 달라졌어요. 섬기는 대상, 사고방식, 시대 여건 등이 변했거든요. 사회 환경에 따라 방식과 목적이 조금씩 변하면서 유럽과 북아메리카, 아프리카, 아시아는 완전히 다른 축제를 즐기게 된 거예요.

　현대 축제는 예전의 동서양 축제와 또 달라요. 다양한 국가가 제각기 서로 다른 문화를 만들었기 때문이에요. 먼저 서양 축제를 살펴볼까요? 오늘날 서양은 문화 예술 축제가 매우 발달했어요. 미술, 음악, 무용, 연극 등 인간의 삶을 표현하는 예술 축제가 도시 곳곳에서 끊임없이 펼쳐지지요. 예술을 통해 황폐화된 인간의 삶을 돌아보고 치유하자는 의미랍니다. 일반 시민도 축제를 통해 문화 예술을 비교적 쉽게 접할 수 있어요. 축제를 통해 얻게 된 다양한 경험은 오늘날 서양이 문화 예술 산업 분야에서 큰 힘을 발휘할 수 있는 자양분이 되었어요.

　한편 현대의 한국 축제는 크게 지역 특산물 축제와 관광 축제로 나눌 수 있어요. 여기서 우리나라 사람들이 경제적 측면을 중요하게 생각한다는 사실을 알 수 있지요. 일제 침략과 한국전쟁을 치르면서 경제적으로 어려웠기 때문에 아직까지도 축제를 지역 특산품 홍보 수단으로 생각하는 거예요. 어떤 사람들은 이 같은 현상을 비판하기도 해요. 하지만 경제 효과를 중요하게 여기는 우리나라 축제를 마냥 나쁘다고만 할 수는 없어요. 축제를 통해 고장을 알리는 일은 지역 사회에 큰 도움이 되거든요. 그러나 경제적인 부분에 밀려 전통 축제가 빛을 잃는 건 깊이 고민해 볼 문제예요. 어떻게 하면 우리 축제를 더 멋지게 발전시킬 수 있을까요? 여러분도 한번쯤 생각해 보세요.

# 축제, 페스티발, 카니발, 퍼레이드……
## 다 같은 뜻이야?

축제祝祭는 '축하 제사'라는 뜻이에요. 큰 잔치나 행사를 아울러 이르는 말이지요. 축전, 제전도 같은 뜻으로 이해할 수 있어요. 우리 주변의 모든 축하 행사는 일종의 축제라고 부를 수 있지요. 다시 말해 축제는 '특별한 의미가 있는 날이나 장소, 사건 등을 기념하기 위해 행하는 행위를 아울러 이르는 말'이에요.

페스티벌festival은 축제의 영어식 표현으로 피스트feast라는 단어에서 유래됐어요. 신을 존경하고 축하한다는 의미지요. 페스타, 피에스타라는 스페인식 발음을 쓰기도 하는데 모두 '축하하며 잔치를 벌인다.'라는 뜻이에요.

카니발은 카르네 발레carne vale라는 라틴어에서 나온 말이에요. 우리말로 바로 옮기면 '고기여, 안녕'이라는 뜻이에요. 그 말 자체가 축제의 형식을 가리키는 말은 아니었어요. 기독교에는 부활전 전 40일 동안 예수님의 고난을 기억하기 위해 고기를 먹지 않으면서 절제하며 사는 의식이 있어요. 이 기간에 들어가기 직전, 충분히 먹고 마시며 즐기던 풍습이 축제의 의미로 굳어진 것이지요. 40일간 고기를 먹을 수 없으니, '고기여, 안녕'이라는 뜻의 이름이 붙을 만 하겠지요? 우리나라에서는 사육제謝肉祭라고 불러요.

축제와 카니발은 무엇이 다를까요? 카니발은 기독교가 발달했던 곳에서 생긴 축제이기 때문에 유럽에 집중돼 있어요. 기독교가 뒤늦게 들어온 우리나라와 아시아에는 기독교를 바탕으로 한 축제인 카니발이 발달하지 않았지요.

퍼레이드parade는 행렬을 지어 거리를 활보하는 행위를 말해요. 그 자체로는 축제라고 볼 수 없어요. 오늘날 우리는 축제에 많은 사람이 무리 지어 거리를 행진하는 것을 가리켜 '거리 퍼레이드를 펼치고 있다.'라고 말하죠. 퍼레이드는 축제에서 활용되는 거리 행진이라고 이해하면 돼요.

올림픽이나 월드컵도 일종의 축제예요. 스포츠를 주제로 전 세계인이 하나로 똘똘 뭉쳐 화합하자는 의미로 여는 거니까요.

chapter 2

# 교과서 속 역사 축제

# 강릉 단오제

**강릉 사람들의 단오 사랑은 못 말려!**

'단오'는 매년 한 해 농사가 시작되기 직전, 음력 5월 5일에 치르는 우리 전통 명절이에요. 고대 마한에서부터 시작됐다고 전해지는데 농작물의 씨앗을 다 뿌리고 사람들이 모여 신에게 농사가 잘되도록 기원하는 제삿날이지요.

단옷날이 되면 우리는 제사와 굿을 통해 모두의 건강과 안녕을 빌고 맛있는 음식도 함께 나누어 먹었어요. 그네뛰기, 씨름 등 다양한 전통 놀이도 했고요. 나쁜 귀신을 쫓기 위해 창포물에 머리도 감았지요. 창포물은 창포를 뿌리째 우린 물인데, 건강에도 머릿결에도 좋거든요. 그런데 우리 고유의 명절 단오가 시간이 지나면서 점점 사라지고 있어요.

많은 사람이 단옷날에 대한 추억을 잊어가고 있지요. 오직 한 곳, 강원도 강릉만 빼고요. 단옷날 강릉을 찾아가면 전통 단오의 모습을 볼 수 있어요. 우리나라에서 가장 큰 단오제가 열리거든요.

강릉에서는 단옷날 전후로 향토 제례 의식과 그네뛰기, 투호, 씨름 등 다양한 민속놀이가 골고루 펼쳐져요. 수리취떡도 무료로 맛볼 수 있지요. 수리취떡은 인심 좋은 강릉 사람들이 단오제를 하기 한 달 전부터 조금씩 내놓은 쌀을 모아 만들어요. 여행객들에게 떡을 나눠 주려고 쌀을 모으는 강릉 사람들의 따뜻한 마음이 전해지지요? 장사꾼들과 방문객들로 북적이는 단오 장터도 강릉 단오제에 가면 꼭 가봐야 할 장소

예요.

  강릉 단오제는 일제 강점기에도 계속됐어요. 우리 백성을 탄압하고 온갖 악행을 저질렀던 일본 순사들조차 강릉 단오제를 막지 못했지요. 강릉 단오제는 유네스코에 등록된 세계문화유산으로, 앞으로도 잘 보존하고 알려야 할 우리 나라의 대표적인 민속 축제랍니다.

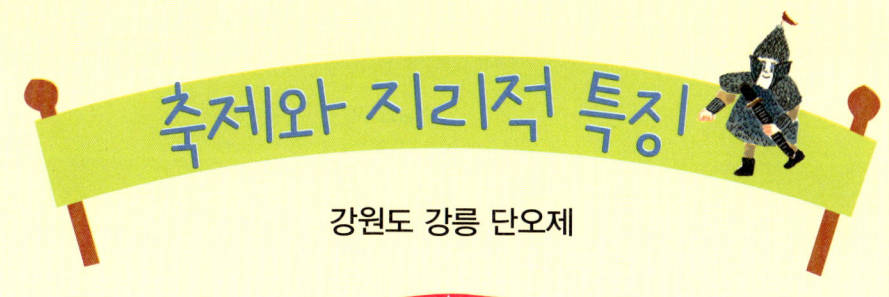

### 강원도 강릉 단오제

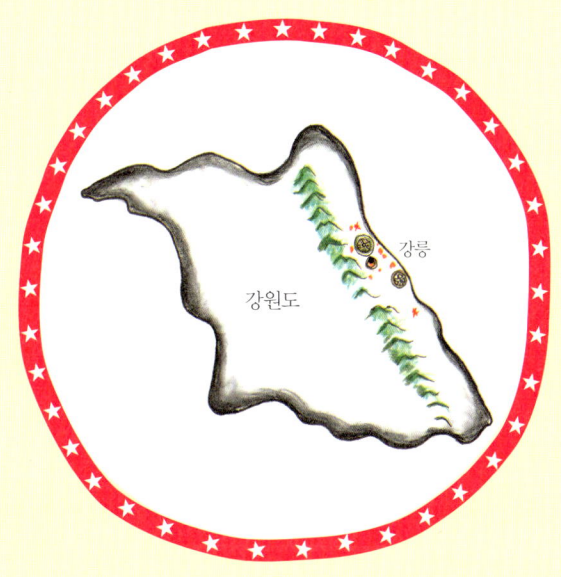

### 태백산맥이 병풍이라고?

　강원도는 태백산맥을 중심으로 오른쪽은 영동(강릉, 속초), 서쪽은 영서(춘천, 원주)로 나뉘어요. 강릉은 영동의 대표 도시지요. 태백산맥은 강릉 사람들에게 온갖 먹거리와 아름다운 자연 풍광을 제공하는 삶의 터전이지만 동시에 가파른 산세로 다른 지역과의 교류를 막는 병풍 역할을 하기도 해요. 민족 고유 명절 '단오'가 강릉에서만 유독 전통 방식 그대로 유지되고 있는 것은 이같은 강릉의 지리적 특징에 영향을 받은 거예요.

# 해미읍성 축제

**죄인 체험해 볼까? 포졸 체험해 볼까?**

 충청남도 서산의 해미 읍성은 조선 태종 때 서해를 지키기 위해 만들어진 군사 시설이에요. '해미'는 서산의 중심에 있는 마을 이름이고, '읍성'은 도시 전체를 성벽으로 둘러싸고 곳곳에 문을 만들어 외부와 연결되도록 쌓은 성이지요. 해미 읍성은 지어진 지 600년이 지난 현재까지 모습이 전혀 흐트러지지 않았어요. 아주 튼튼하고 잘 지어진 석성이지요. 석성이 뭐냐고요? 돌로 만든 성이 석성이에요. 돌로 성을 지은 이유는 해미 읍성이 조선 시대에 서해를 지키는 아주 중요한 군사 요충지(지형이 군사적으로 아주 중요한 곳)였기 때문이에요. 해미 읍성 주변에 탱자나무가 많은 것도 성을 지키기 위해서지요.

 서산 사람들은 해미 읍성을 '탱자성'이라고 불러요. 그래서 해미 읍성을 찾아가는 사람들과 서산 사람들 사이에 다음과 같은 대화가 오가기도 하지요.

"어디로 가야 해미 읍성이 나와요?"

"오른쪽으로 조금만 가면 탱자성이야!"

"제가 가려는 건 탱자성이 아니라 해미 읍성인데요?"

"오른쪽으로 조금만 가면 탱자성이라니까!"

오늘날 해미 읍성 안팎에서는 매년 5월 병영 체험 행사가 열려요. 조선 시대의 대표적 군사 시설로 다양한 체험을 할 수 있도록 축제를 여는 거예요. 조선 시대 감옥 체험과 벼슬아치들이 모여 나랏일을 보던 관아 체험을 할 수 있지요. 특히 인기가 많은 곳은 조선 시대의 군사가 전투나 훈련을 하던 군영이에요. 당시 호위 무사의 무술을 재현해 멋진 공연을 펼치기도 하지요.

해미 읍성이 없었다면 우리나라는 아주 오래전에 서해를 중국이나 일본에게 빼앗겼을 수도 있어요. 해미 읍성을 찾아가 해미 읍성이 우리나라를 지키던 매우 중요한 곳이었다는 것을 눈으로 다시 한 번 확인하고, 우리나라를 지키기 위해 해미 읍성에서 돌아가신 많은 사람을 생각해 보세요. 그것도 축제를 즐기는 좋은 방법이 될 테니까요.

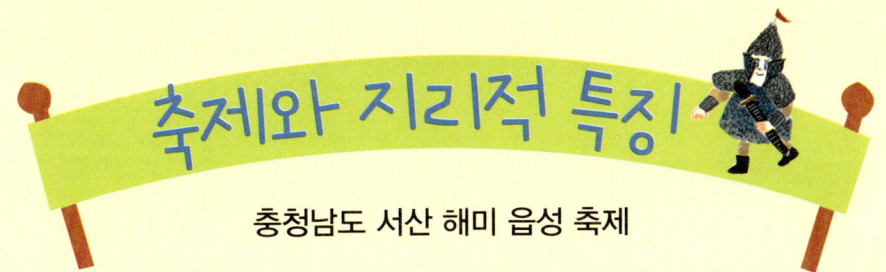

# 축제와 지리적 특징

### 충청남도 서산 해미 읍성 축제

### 조선 시대 최대의 군사 요충지

서산은 지형이 전체적으로 완만해서 옛날부터 수레가 다니기 쉬웠어요. 그 덕분에 조선 시대부터 한양을 비롯한 다른 지역과의 교통이 발달했지요. 다른 지역에서 보낸 세곡도 서산을 거쳐 한양으로 들어갈 때가 많았어요. 서산에 해미 읍성이 지어진 건 시시때때로 쳐들어오는 왜구로부터 서해안과 이런 물건들을 지키기 위해서였어요.

# 한산모시 축제

### 한류의 시작, 모시

한류가 고려 시대부터 시작됐다는 사실을 알고 있나요? 고려 시대 노래 이야기냐고요? 아뇨, 한산모시 이야기예요. 옛날 중국 원나라 귀족들은 고려에서 온 한산모시를 입어보고는 "참으로 시원하다! 빨리 고

려에 서신을 띄워 한산모시를 더 많이 수입하자!"고 독촉했대요. 주변국에서도 한산모시의 우수성을 일찌감치 알아본 거죠.

한산모시는 충청남도 서천에서 생산해요. 서천에서 생산하는데 왜 이름이 한산모시냐고요? 서천은 '비인'과 '한산'이라는 두 지역으로 나뉘거든요. 그중 한산 지역의 모시가 임금님에게 진상품으로 올릴 만큼 품질이 우수했다고 해서 지금까지 '한산모시'라고 부르는 것이죠. 그런데 최근 한산모시

가 설 자리를 잃어가고 있어요. 제작 과정이 워낙 까다롭고 귀한 옷감이라 가격이 비싸거든요. 그래서 모시의 본고장인 서천에서는 우리의 전통 옷감인 한산모시를 되살리려고 많은 노력을 기울이고 있지요. 매년 여름 한산모시 축제를 열어 모시의 제작 과정을 일반인들도 접할 수 있도록 자세히 소개하고 있어요.

한산모시 축제는 매년 6월에 펼쳐져요. 실뽑기부터 의복 제작까지 한 번에 볼 수 있죠. 식물 모시가 한 올씩 가느다란 실오라기가 되는 모습과 베틀로 옷감을 짜는 모습, 옷감을 재단해서 의복을 만드는 모습을 한날한시에 모두 볼 수 있지요.

한산모시 축제에 가면 절대 빼먹어서는 안 되는 볼거리가 하나 있어요. 바로 '저산 팔읍 길쌈놀이'에요. '저산'은 모시가 나는 고장을 뜻해요. '팔읍'은 8개의 읍이라는 뜻이지요. 옛날에는 서천에 한산을 포함해 총 8개의 읍이 있었거든요. '저산 팔읍'은 모시가 많이 나는 8개의 읍을 모아 한 번에 지칭하는 거예요. 길쌈놀이는 아낙네들이 둘러앉아 모시를 짜면서 흥얼흥얼 노래를 부르는 것이지요. 오늘날의 저산 팔읍 길쌈놀이는 구성진 노랫가락과 재미있는 율동을 덧붙여 눈길을 끄는 한산모시 축제의 대표 공연이에요. 한산모시 축제에 가서 일찍부터 해외에서 인정받은 우리 섬유 기술과 섬세한 아낙네들의 노랫가락을 함께 즐겨 봐요.

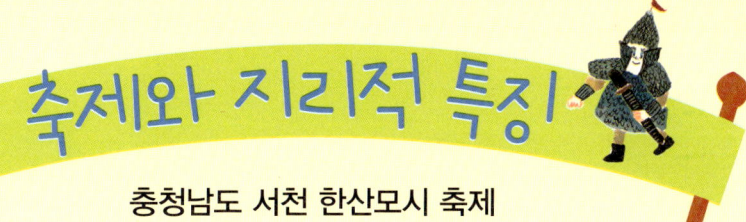

## 축제와 지리적 특징

### 충청남도 서천 한산모시 축제

**모시의 북방 한계선**

모시는 온대성 기후에서도 가장 따뜻한 지역에서만 자라는 쐐기풀과의 식물이에요. 환경에 민감해서 키우기가 매우 까다롭지요. 충청남도 서천은 배수가 잘 되는 좋은 토양을 지니고 있는 데다 따뜻한 온대성 기후와 서해에서 불어오는 바람이 온도를 적당히 유지시켜 줘서 모시가 자라기에 아주 좋은 지역이에요. 한편 서천보다 높은 위도의 지역에서는 모시풀 자체가 자랄 수 없기 때문에 서천은 기후에 매우 민감한 모시의 북방 한계선이라고도 할 수 있어요.

# 강진 청자 축제

### 축제로 잇는 고려청자의 명맥

강진은 고려청자의 본고장이에요. 우리나라의 국보급, 보물급 청자의 80퍼센트가량이 강진에서 만들어졌지요. 고려청자가 뭐냐고요? 단어 그대로 고려 시대에 만들어진 푸른빛 자기들을 통틀어 고려청자라고 해요.

청자는 원래 5, 6세기 중국에서 먼저 만들기 시작했어요. 강진은 8, 9세기에 중국과의 무역을 통해 청자를 수입하고 청자 만드는 법을 배웠지요. 고려 사람들에 의해 새롭게 만들어진 청자는 '고려청자'라는 이름으로 점차 세계에 알려졌어요. 지금도 고려청자는 전 세계적으로 구하기 쉽지 않은 명품이자 고급 예술품이에요.

지금도 매년 여름 강진에서는 고려청자의 우수성을 대대손손 알리기 위한 청자 축제를 열어요. 고려청자가 아무리 훌륭해도 우리가 그 가치를 잊어버리고 명맥을 이어나가지 못하면 아무 의미가 없으니까요. 강진은 청자 축제를 통해 제2, 3의 고려청자를 만들 도예 장인을 발굴하기 위한 노력도 계속하고 있어요. 전통문화의 명맥을 이어 나가려는 노력은 매우 중요하거든요. 강진은 청자 축제를 통해 지역 고유의 전통문화 예술을 대외적으로 알리는 동시에 재미있는 청자 축제를 만들어 고장에 대한 시민의 자긍심도 높이고 있지요.

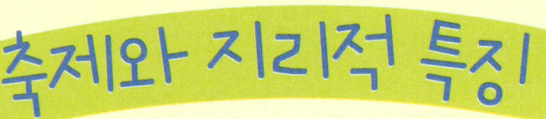

### 전라남도 강진 청자 축제

**청자 문화의 중심지**

　강진은 아주 오래전부터 바닷길을 통해 중국과 활발히 교류했어요. 그 덕분에 다른 지역보다 청자 제작 비법을 빨리 익힐 수 있었지요. 더불어 땔감이 풍부하고, 흙과 물의 질도 좋아서 우수한 청자를 만들기에 아주 좋은 자연 환경을 지니고 있었어요. 전라남도 지역에서 발견되는 가마터 유적 가운데 강진은 탁월한 입지 조건을 자랑해요. 차 문화가 발달해 도자기 활용이 많았던 것도 강진의 청자 기술이 발전하는 데 큰 역할을 했지요. 여러모로 강진은 고려청자를 만들어 냈던 청자 문화의 중심지예요.

# 대가야 체험 축제

**500년을 이어 온 가야의 위용을 축제로**

기원 전후 낙동강 하류 지역에는 크기가 작은 여러 국가가 서로 연맹을 맺고 세운 '가야'라는 나라가 있었어요. 가야는 질 좋은 철을 많이 생산해 중국과 일본에 수출했지요. 철 덕분에 나라 경제가 윤택해서 문

화 예술이 매우 발달했는데 우리나라 3대 음악가인 우륵이 가야의 예술가로서 '가야금'을 만들었다는 것은 널리 알려진 이야기예요.

가야의 문화를 체험해 볼 수 있는 '대가야 체험 축제'는 매년 4월 경상북도 고령에서 열려요. 대가야 체험 축제에 가면 박물관에서만 보던 가야 시대의 토기를 직접 만들어 볼 수도 있고, 호미질을 하며 모래밭에 숨겨 놓은 금화와 은화를 발굴할 수도 있어요. 금화와 은화는 왜 발굴하냐고요? 앞에서 말했듯이, 가야에서는 철이 많이 났거든요. 호미질하며 금화와 은화를 찾는 과정이 철을 찾는 과정과 비슷하기 때문에 이 같은 체험 행사를 제공하는 거예요.

기록에 의하면 가야에서는 권력자가 죽으면 그를 따르던 사람들까지 함께 무덤에 묻었대요. 이걸 순장이라고 해요. 대가야 체험 축제에서는 순장 체험도 해 볼 수 있어요.

가야는 고구려, 백제, 신라에 비하면 작은 나라였지만 무려 약 500년이나 풍요롭게 유지됐어요. 고령 대가야 체험 축제는 가야가 얼마나 아름답고 풍요로운 나라였는지 우리 눈으로 직접 확인할 수 있도록 재현하는 역사 체험 축제랍니다.

# 축제와 지리적 특징

### 경상북도 고령 대가야 체험 축제

### 작지만 풍요로운 나라

　가야는 서기 42년부터 562년까지 지금의 고령, 합천, 고성, 함안, 김해 지역에 위치했어요. 낙동강 하구의 평야에 자리 잡고 있어 곡식이 풍부하고, 당시 전쟁으로부터 나라를 지키는 데 가장 중요한 철이 많이 났지요. 남해의 물길이 김해 지역 안쪽까지 깊숙이 뻗어 있어 해상 무역의 중심지로 각광 받았어요. 풍부한 곡식과 철 생산, 편리한 해상 활동 덕에 가야는 작지만 풍요로운 나라가 될 수 있었지요.

# 단종 문화제

### 소년 왕의 장례식

단종은 한글을 창제한 세종대왕의 손자예요. 평소 병약하던 아버지 문종이 일찍 목숨을 잃어 1452년 12살 나이로 임금이 됐지요. 고작 초등학교 5학년의 나이에 한 나라의 왕이 된 거예요. 단종은 어린 나이에 왕위에 오른 만큼 힘도 약했어요. 결국 왕위에 오른 지 3년 만에 아버지의 동생, 즉 삼촌이었던 수양대군에게 모든 걸 빼앗기고 강원도 영월로 유배를 떠났지요.

단종은 17살의 어린 나이에 유배지 영월에서 억울하게 세상을 떠났어요. 당연히 제대로 된 장례식도 치르지 못했지요. 그래서 1967년부터 지금까지 매년 4월 영월에서는 단종의 넋을 달래기 위한 단종 장례식 재현 축제를 열어요. 국가 장례식인 '국장'을 재현하는 거예요. 단 3년뿐이지만 단종도 엄연히 우리나라

임금이었으니까요.

  단종 문화제는 다른 지역 축제처럼 먹거리 많고, 음악 소리 넘쳐나는 경쾌한 축제가 아니에요. 숙연하고 슬픈 추모 행사지요. 이런 모습 때문에 단종 문화제를 찾은 어린이들은 의아해할지도 모르겠어요. 하지만 아무 준비 없이 아버지를 여의고 어린 나이에 한 나라의 임금이 됐다가 삼촌에 의해 강제로 쫓겨나 결국 죽음을 맞이한 단종의 삶을 생각해 보면 단종 문화제에 '축제'의 화려한 분위기가 어울리지 않는다는 것을 이해할 수 있을 거예요.

  단종 문화제는 슬픈 소년 왕을 잊지 않기 위해 영월 사람들이 매년 한 번씩 치르는 세상에서 가장 조용한 축제랍니다.

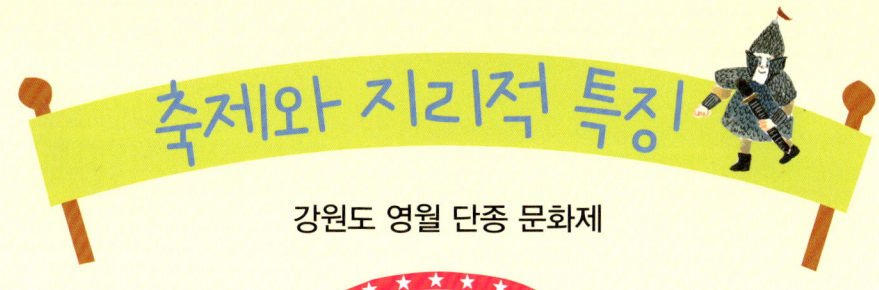

## 축제와 지리적 특징

### 강원도 영월 단종 문화제

#### 암벽과 강으로 둘러싸인 천연 감옥

　조선 시대 유배는 사형 다음으로 중한 형벌이었어요. 죄가 심하면 심할수록 한양에서 먼 지역으로 가야 했지요. 그래서 전라도와 제주도, 흑산도로 많이 유배를 떠났어요. 하지만 왕족은 특권층이었기 때문에 보통 강화도처럼 한양에서 가까운 곳에 유배당했지요. 그런데 수양대군, 즉 세조는 왜 단종을 강원도 영월로 유배 보냈을까요? 영월은 험한 산세로 인해 철저히 고립된 지형이에요. 특히 단종이 유배된 청령포는 사방이 강으로 둘러싸인 섬 같은 지형으로 홍수에 약하고 산세가 험해 누구도 쉽게 접근할 수 없는 곳이었지요. 세조는 단종이 어른이 되면 왕좌를 위협할지도 모른다고 염려했기 때문에 마치 천연 감옥 같은 영월에 단종을 유배 보냈어요.

# 안성 바우덕이 축제

**조선 시대의 인기 아이돌, 바우덕이!**

　남사당패는 조선 후기에 생겨나 이곳저곳 떠돌아다니면서 소리나 춤을 팔던 남자 무리예요. 조선 시대의 대표적인 보이 그룹이라고 할 수 있지요. 그런데 여자의 몸으로 남사당패에서 활약한 사람이 있어요. 바로 바우덕이라는 사람이지요. 바우덕이는 몹시 가난한 농부의 딸로 태어나 먹고살기가 고달팠어요. 다섯 살 때 남사당패에 들어가 이런저런 심부름을 하며 자랐어요. 그런데 '서당 개 3년이면 풍월을 읊는다.'더니 바우덕이는 언제부터인가 여섯 개의 남사당놀이를 그럴 듯하게 선보이게 됐어요. 어린 나이에도 남사당놀이를 어찌나 야무지게 잘해 내는지 주변 사람들을 곧잘 놀라게 했지요.

　바우덕이가 남사당패의 놀이를 흉내만 내면서 지내던 어느 날이었어요. 남사당패의 우두머리인 꼭두쇠가 나이를 많이 먹어 세상을 떠나게 됐지요. 남사당패 사람들은 새로운 꼭두쇠로 바우덕이를 뽑았어요. 당

시 바우덕이는 15살의 어린 나이었지만, 실력이 아주 출중했거든요. 이로써 바우덕이는 남자들의 집단인 남사당패의 우두머리가 됐어요. 여자 꼭두쇠는 바우덕이 전에도, 후에도 없었지요.

경기도 안성에서는 2001년부터 매년 바우덕이 축제가 열려요. 남사당패가 안성에서부터 시작됐기 때문이에요. 안성은 소가 끄는 달구지에 장구와 꽹과리, 줄타기 재료 등 공연 소품을 싣고 관객을 찾아 전국을 떠돌던 남사당패의 근거지였어요. 바우덕이도 안성에서 태어났고요.

바우덕이 축제는 남사당패의 공연을 중심으로 펼쳐져요. 전통 민속놀이인 풍물(농악), 버나(대접 돌리기), 살판(땅재주), 어름(줄타기), 덧베기(탈놀이), 덜미(꼭두각시놀음) 등 여섯 가지가 주 내용이지요. 공연을 보다 보면 어깨가 들썩들썩 신이 나요. 누가 바우덕이 역할을 하는지, 그 사람이 여자인지 남자인지 살펴보는 것도 '바우덕이 축제'만의 즐거움이지요. 오늘날 안성 사람들은 축제를 통해 조선의 대표 유랑 연예 집단인 남사당패에 대한 기억을 되살리고, 대한민국 대중 예능의 최초 발상지였던 안성의 중요성을 널리 알리기 위해 애쓰고 있답니다.

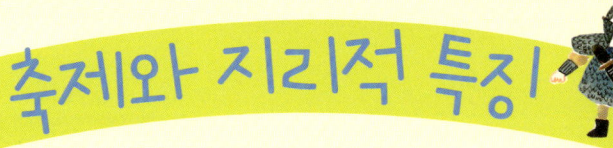

## 경기도 안성 바우덕이 축제

### 장터를 기반으로 성장한 남사당패

　기록에 의하면 삼한 시대 전부터 안성을 차지하려는 전투가 끊임없이 일어났어요. 안성은 물이 많고 산이 적은 넓은 평야 지형이거든요. 강이 발달하고 먹거리가 풍부해 도시가 형성되기 좋지요. 그 덕분에 안성은 장터가 발달했어요. 남사당패는 안성의 장터를 기반으로 성장했지요. 오늘날에도 용인, 평택과 함께 경기도의 대표 농경 지역으로 수도권 인구의 먹거리를 생산하고 있지요.

# 안동 탈춤 축제

### 탈이 나면 탈을 쓰고 춤춰요

우리 조상들은 질병이 돌거나 재앙이 일어나면 신을 달래기 위해 얼굴에 탈을 쓰고 춤추며 제사를 지냈어요. 악귀를 쫓는 탈도 만들어 쓰고 인간세상의 그릇됨을 표현하는 동물 탈도 만들어 썼지요. 그래서 우리나라 탈은 강렬한 색채를 사용한 무서운 표정의 탈이 많아요.

우리나라뿐만 아니라 전 세계 각지에서 전해 내려오는 탈에는 나름대로 특별한 의미가 담겨 있어요. 아주 오랜 옛날 원시 민족 시절의 흔적도 탈을 통해 짐작해 볼 수 있지요. 한마디로 탈은 역사적 가치가 있는 중요한 문화유산이에요.

경상북도 안동은 예부터 탈의 고장으로 유명해요. 오래전부터 전해 내려오는 탈 제작 기법을 보유한 장인이 아직까지도 많이 살고 있지요. 안동에 가면 다양한 우리 탈의 역사와 형태를 살펴볼 수 있을 뿐더러 예전 방식의 탈놀이도 구경할 수 있어요. 안동은 '살아 있는 탈의 역사

교실'이에요.

매년 9월 마지막 주 안동 하회마을을 찾아가면 하회 별신굿 탈부터 각국에서 모여든 탈들을 구경할 수 있어요. 어린이들을 위한 각종 탈 공연에, 월드 마스크 경연 대회까지 볼거리가 넘쳐나지요. 그중 가장 눈에 띄는 것은 관객이 참여해야만 완성되는 우리 전통의 탈놀이예요.

"어허, 저놈의 양반들이 부끄러운 줄도 모르는구려. 여보시게, 동네 사람들! 양반네들 욕심이 끝이 없으니 어디 한번 혼쭐을 내 줘 볼까요?"

탈을 쓰고 노는 탈광대가 공연 중에 외치면 관객이 대답하지요.

"우와! 옳거니! 양반 놈들 혼쭐을 내 줘라! 그럼 속이 시원하겠는걸!"

탈광대와 관객이 주거니 받거니 사이좋게 호흡하면서 마당놀이를 이끌어가는 거예요. 이처럼 공연 중 나누는 대화는 해외에서 좀처럼 찾아볼 수 없는 우리나라 탈놀이의 가장 중요한 특징이지요.

이 밖에도 우리 탈춤 공연은 서민의 문화라는 특징이 있어요. 역사 기록에서 찾을 수 없는 사회 분위기가 탈춤 공연에 고스란히 반영돼 있는 거예요. 그런 의미에서 안동 탈춤 축제는 우리 서민 문화를 가장 잘 엿볼 수 있는 창문 같은 축제예요. 탈 문화를 포함해 축제 자체가 매우 중요한 보존 대상이 되는 거예요. 과연 수백 년 전의 우리 조상들은 탈놀이를 하면서 뭐라고 맞장구를 쳤을까요? 이다음에 안동 탈춤 축제를 찾아가면 다양한 탈도 구경하고 탈꾼들의 재미난 마당놀이에도 꼭 참여해 봐요.

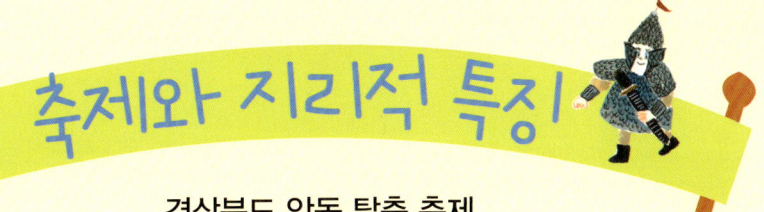

# 축제와 지리적 특징

### 경상북도 안동 탈춤 축제

**지붕 없는 야외 박물관!**

  안동은 지붕 없는 야외 박물관이라고 불릴 만큼 문화 관광 도시로 유명해요. 전통 문화유산을 많이 간직하고 있기 때문이죠. 동쪽으로는 태백산맥이 힘차게 뻗어 있어요. 산이 많지만 서쪽으로는 비교적 평탄한 지형 덕분에 넓은 토지와 산이 어우러져 종가가 대대로 쓰는 집, 정자 같은 나무 문화재가 특히 많이 남아 있어요. 탈 문화가 발달한 것도 좋은 나무가 많았기 때문이에요.

# 백제 문화제

### 웅진과 사비의 후손들이 되살린 백제

백제는 고구려, 백제, 신라 삼국 중 가장 화려하게 문화를 꽃피운 나라예요. 특히 해상 무역을 통해 중국과 일본 등 외국과 활발하게 교류했지요. 지금도 중국과 일본 등지에서 백제에서 전해진 국보급 유물들이 무수히 발견되고 있어요. 이에 백제가 걸쳐 있던 충청도의 공주, 부여 일대에서는 해마다 추석을 전후해 열흘간 백제 문화제를 열어요.

백제 문화제는 백제 시대를 그대로 재현함으로써 어린이들도 당시 상황을 쉽게 이해할 수 있게 도와줘요. 당시의 화려한 건축 기술은 물론 백성들이 살던 촌락의 형태, 백제의 전투복을 입고 출전하는 기마병들의 늠름한 모습, 백제의 설화를 되살려 물 위에서 펼치는 수상 공연까지 볼

거리가 가득하지요. 사극에서나 볼 수 있었던 삼국 시대 백제의 모습을 오늘날 직접 만나 볼 수 있는 거예요. 그중에서도 어린이들에게 가장 인기가 좋은 행사는 단연 '삼국 문화 교류전'이에요. 삼국 시대의 고구려, 백제, 신라의 문화를 서로 비교하며 관람하는 프로그램이지요.

사실 공주와 부여는 오랫동안 관광 도시를 지향했으나 그다지 주목받지 못했어요. 하지만 축제를 통해 옛 백제의 모습을 그대로 재현하면서 '백제의 문화가 숨 쉬는 도시'로 재조명 받게 됐지요. 단순히 백제의

유적을 복원하고 지키는 것만으로 훌륭한 관광 콘텐츠를 얻은 셈이에요.

공주와 부여는 원래 백제의 수도인 웅진과 사비였어요. 그래서인지 공주와 부여 사람들은 주인 정신을 가지고 백제 문화제에 열정적으로 참여해요. 거리 퍼레이드에서 볼 수 있는 기마병, 기수, 가마꾼, 각설이, 동네 처녀, 포졸이 모두 공주, 부여 사람들이지요.

한국전쟁과 가난 때문에 사라졌다가 최근 들어 부랴부랴 다시 여는 다른 지역의 역사 축제들과 달리 백제 문화제는 60년 전부터 멈추지 않고 꾸준히 이어 오고 있어요. 백제 문화제에 가 보면 백제의 뿌리를 찾아 후손에게 물려주고 싶은 공주와 부여 시민들의 마음이 전해진답니다.

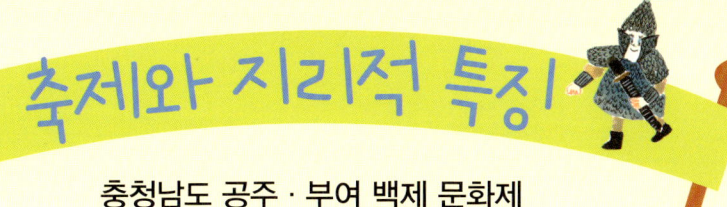

# 축제와 지리적 특징

## 충청남도 공주·부여 백제 문화제

### 자연 요새, 웅진과 사비

백제의 수도는 원래 한성(서울)이었어요. 그러다 웅진(공주)으로 수도를 옮겼지요. 웅진은 금강이 길게 뻗어 도시 형성에 좋은 입지 조건을 갖추고 있으면서 북쪽으로는 차령산맥, 동쪽으로는 계룡산이 도시를 감싸 고구려의 공격을 쉽게 막을 수 있는 천연 요새였거든요. 다시 사비(부여)로 수도를 옮긴 이유는 웅진에 비해 평야가 많아 중국으로 보내는 물자의 수송이 보다 원활했기 때문이에요. 왕권을 강화하기 위해 산업이 발달해서 경제적으로 풍족한 부여를 마지막 수도로 삼은 것이었지요.

# 수원 화성 문화제

### 아버지와 백성을 진심으로 섬긴 정조

조선의 22대 임금인 정조는 1796년에 당시의 과학 기술을 총동원해 수원 화성을 쌓았어요. 정조의 나이 11살 때 뒤주에 갇혀 세상을 떠난 아버지 사도세자의 무덤을 만들기 위해서였지요. 조선에서 가장 좋은 땅에 아버지의 무덤을 옮기고 싶은데, 그곳에는 이미 사람들이 모여 살고 있었거든요. 지금의 경기도 화성 '융릉'이라는 곳이었어요.

정조는 고민하다 백성을 이주시킬 만한 좋은 자리를 찾기 시작했어요. 성곽을 지은 다음 집도 짓고 이사 비용도 챙겨 주었지요. 정조가 새로 만든 마을은 자급자족이 가능한 최초의 개혁 도시였어요. 그곳이 바로 지금의 수원 화성이에요. 아버지 사도세자에게 효도하면서, 원래 융릉에 살던 백성들에게는

더 좋은 마을을 만들어 준 거예요. 200년 전 지어진 수원 화성은 지금까지 그 모습이 전혀 손상되지 않고 잘 보존돼 있어요. 오늘날 학자들은 수원 화성이 조선의 대표 건축물로서 대단한 축성 기술을 보여 준다고 이야기해요.

수원에서는 정조의 효심과 수원 화성의 의미를 널리 알리기 위해 1964년부터 매년 10월경 수원 화성 문화제를 아주 크게 열고 있어요. 축제 기간이 되면 수원 사람들은 온 가족이 나와 정조의 효심을 되새기고 수원 화성을 거닐며 200년 전의 사도세자와 정조의 가슴 아픈 사연을 이야기한답니다.

수원 화성 문화제에서 특히 눈길을 끄는 것은 '정조 대왕 능행차' 퍼레이드예요. 전문 배우와 수원 시민이 정조 대왕과 어머니 혜경궁 홍씨가 신하들을 이끌고 서울에서 수원 화성까지 행차하던 모습을 그대로 재현하지요. 어찌나 인기가 많은지 퍼레이드가 시작되면 한꺼번에 많은 사람이 거리로 쏟아져 나와 자칫하면 길을 잃을 정도예요.

오늘날 수원 화성 문화제를 성공시킨 진정한 힘은 아버지와 백성을 진심으로 섬기는 정조의 마음이에요. 수원 화성 문화제에 방문해 200년 전 정조의 마음을 생각하면서 부모님에 대한 효심도 키우고 축제도 즐겨요.

# 축제와 지리적 특징

## 경기도 수원 화성 문화제

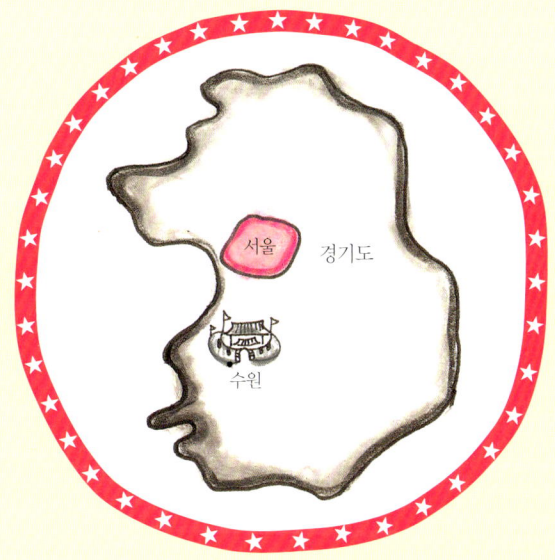

### 우리나라 최초의 계획도시

정조는 왜 수원 팔달산 아래 성곽을 쌓고, 백성을 옮겼을까요? 지금의 지하철 1호선 병점역이 있는 수원 화성 일대는 예전부터 전국 상인들이 끊임없이 모여드는 경제 중심지였어요. 병점의 옛 이름은 삼남三南인데, 삼남은 세 갈래로 갈라지는 교차로를 의미하는 지명이에요. 조선 시대에는 반드시 수원의 삼남길을 거쳐야만 한양에서 충청도와 경상도, 전라도를 왕래할 수 있었어요. 정조는 수원 화성이 살기도 좋고 지리적으로도 중요한 요충지였기 때문에 성을 쌓은 거예요.

# 제주 정월 대보름 들불 축제

### 화산섬과 대보름을 엮은 세계 축제

정월 대보름은 한 해를 시작하는 1월에 어떻게 올해를 잘 보낼지 준비하는 날이에요. 달빛 아래서 질병과 재앙으로부터 마을 사람들이 무사하기를 빌지요. 정월 대보름의 대표 행사는 호두·잣·밤·은행 등을 소리 나게 깨무는 부럼 깨기예요. 부럼 깨기에는 악귀를 몰아내고, 1년 동안 건강하자는 의미가 담겨 있어요. 우리 조상들은 이 밖에도 정월 대보름에 귀밝이술 마시기, 달맞이 놀이, 줄다리기, 고싸움, 차전놀이 등을 즐겼지요. 해묵은 들풀을 태워 농사에 피해를 주는 쥐와 해충의 알을 없애는 쥐불놀이도 많이 했어요. 예전부터 소와 말을 방목해 키우던 제주에서는 특히 쥐불놀이가 아주 중요한 행사였지요.

제주 사람들은 오늘날에도 매년 정월 대보름이 되면 아주 특별한 대보름 축제를 열어요. 이 축제를 보기 위해 전국 각지의 사람들이 제주 '새별오름'으로

몰려들지요. '오름'은 커다란 화산의 옆에 붙은 작은 화산이에요. '기생 화산'이라고도 부르죠. 제주 사람들은 한라산 주변에 봉긋봉긋 솟아오른 기생 화산들을 '작은 산'이라는 뜻의 제주 방언인 '오름'이라고 불러요. 새별오름은 300개가 넘는 제주 오름 중에서 아름답기로 소문난 곳이지요.

정월 대보름날 새별오름에 가면 산 전체에 퍼져 나가는 쥐불놀이와 황금빛 보름달이 관광객들의 감탄사를 자아내요. 제주 사람들은 여기에 예술적인 불꽃놀이, 레이저 쇼를 더했어요. 그 덕분에 제주 정월 대보름 들불 축제는 우리나라에서 가장 화려하고 멋진 대보름 축제가 됐어요.

제주의 대표 기생 화산인 새별오름에서 펼쳐지는 전통 의식의 재현, 제주 정월 대보름 들불 축제는 제주의 독특한 지형과 문화가 잘 녹아 있기 때문에 관람객들에게 아주 강한 인상을 심어 줘요. 화산섬이라는 제주만의 독특한 지리적 특성과 정월 대보름이라는 전통문화를 잘 섞어 만들어 낸 최고의 문화 콘텐츠라고 할 수 있어요.

# 축제와 지리적 특징

## 제주도 정월 대보름 들불 축제

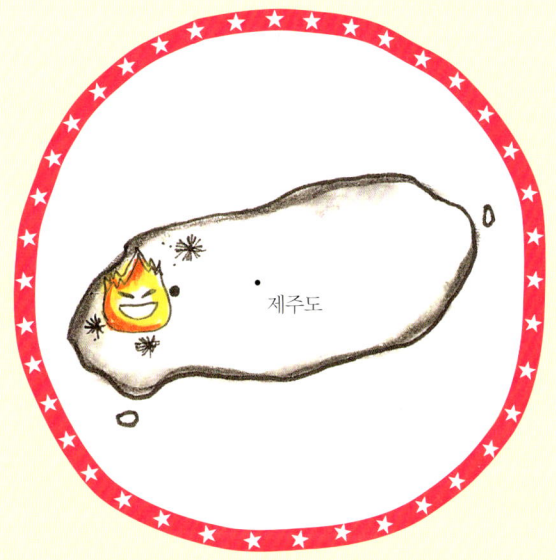

### 살아 움직이는 듯한 화산섬, 제주

제주는 우리나라 최대의 화산 지대로 한가운데 휴화산인 한라산이 자리 잡고 있어요. 한라산에는 새별오름 말고도 300개가 넘는 크고 작은 오름이 사방에 흩어져 있지요. 한라산 꼭대기에 올라가 보면 마치 제주 전체가 올록볼록 살아 움직이는 것처럼 보이기도 해요. 오름들은 제주의 아름다운 지형에 단단히 한몫하고 있어요.

# 알고 보면 더 신나는 우리 축제

# 1월 화천 산천어 축제

### 겨울에 하는 낚시

산천어는 정말 깨끗한 물에서만 사는 우리나라의 토종 민물고기에요. 강원도 화천에서 매년 겨울 얼음낚시 축제를 열며 산천어를 맨 앞에 내세우는 것도 그래서예요. 산천어를 통해 화천이 우리나라에서 가장 깨끗한 지역이라는 걸 자랑하는 거지요.

원래 화천은 강원도에서도 유달리 춥고, 외진 곳이었어요. 마을 청년들이 돈을 벌기 위해 화천을 떠나 도시로 나가면서 화천에는 하루가 멀다 하고 빈집이 늘어 갔지요.

"이러다 아무도 살지 않는 동네가 되겠어! 화천을 생기 넘치는 도시로 만들어야 해."

"옳거니! 여름에는 농사짓느라 바쁘니까 한가한 겨울에 얼음낚시 축제를 열면 사람들이 오지 않을까?"

산천어 축제는 생기를 잃어 가는 화천을 살리겠다는 아이디어에서 시작됐어요. 처음에는 작은 축제였지만 입소문을 타고 유명해져 지금은 100만 명이 넘는 관광객이 축제를 즐기기 위해 화천을 찾아올 정도랍니다. 화천 산천어 축제는 한국에서 얼음낚시 축제가 열풍을 일으키고 있다며 외국 TV와 뉴스에도 많이 소개됐어요.

손발이 시리고 얼어서 코끝도 새빨갛게 변하지만 얼음낚시는 정말 재미있어요. 두꺼운 얼음 위에 동그랗게 구멍을 뚫고 낚시를 시작하면 언제 물고기를 언제 잡을 수 있을까 두근두근 기다리게 되지요. 하지만 얼음 구멍에 얼굴을 박고 물고기를 찾으면 안 돼요. 얼굴도 꽁꽁 얼어붙을 테니까요.

이번 겨울에는 강원도 화천으로 놀러가 봐요. 산천어가 어떻게 생겼는지도 확인해 볼 겸 말이에요. 단, 옷은 아주 두껍게 입고 가야 한다는 것, 잊지 마세요.

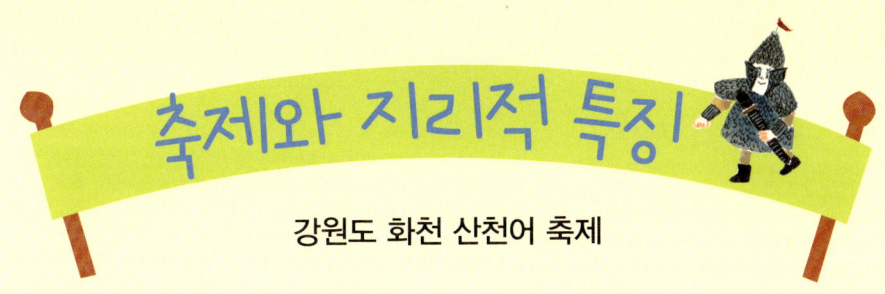

### 강원도 화천 산천어 축제

**여름에는 고랭지농업으로, 겨울에는 축제로 활력 찾아**

　화천은 강원도에서도 산이 많고 평야가 적은 대표 산간 지역이에요. 고도는 높고 기온은 낮지요. 그래서 벼농사를 짓기는 힘들어요. 이에 화천 사람들은 높은 고도에서도 쉽게 농사를 지을 수 있는 토마토, 배추, 감자 등의 농작물을 길렀어요. 농한기인 겨울에는 화천의 자연 환경을 이용해 얼음낚시 축제를 만들었어요. 오늘날 화천은 가장 가 보고 싶은 겨울 관광 도시가 되었어요.

# 1월
# 태백산 눈 축제

### 하얀 눈으로 세운 겨울 왕국

겨울이 되면 강원도 태백에는 도시를 통째로 덮어 버릴 만큼 엄청나게 많은 눈이 내려요. 눈은 태백 사람들에게 항상 골칫거리였지요. 그러던 어느 날 태백 사람들은 골칫거리 눈을 활용해 축제를 열기 시작했어요. 1994년 시작된 태백산 눈 축제는 우리나라에서 가장 유명한 겨울 축제가 됐어요. 매년 1월 축제장 앞까지 차가 들어차 옴짝달싹 못할 만큼 많은 관광객이 몰려들어요.

축제에 가면 일단 하얀 눈덩이를 뭉쳐 만든 아름답고 거대한 눈 조각이 시선을 끌어요. 바라보고만 있어도 입이 떡 벌어지는 놀라운 예술 작품들이지요. 볼거리만 많은 것은 아니에요. 눈 위에서 미끄럼틀도 즐길 수 있고, 얼음집 '이글루'에도 들어가 볼 수 있어요. 시베리안 허스키가 끄는 개썰매 타기는 한국에서 좀처럼 할 수 없는 특별한 경험이지요. 뛰어놀다 배가 고프면 먹거리 장터로 찾아가면 돼요. 먹거리 장터에서는 연탄불에 쥐포, 고구마, 옥수수를 구워 먹어요. 강원도 감자떡에 꼬치구이까지, 맛있는 게 너무 많아 무엇을 먹어야 할지 고민이 이만저만 아닐걸요?

원래 눈은 태백 사람들에게 겨울만 되면 마을을 고립시키는, 불편하기만 한 존재였어요. 하지만 태백 사람들은 눈을 골칫덩어리로만 생각하지 않고 색다른 시각으로 새롭게 활용했어요. 그 덕분에 태백은 화려한 겨울 축제의 도시로 다시 태어났지요.

한겨울에 춥다고 집에만 있기는 심심하지 않나요? 부모님과 함께 태백산 눈 축제를 찾아가 보세요. 생긴 지 20년이 지난 축제답게 먹거리, 볼거리, 놀 거리가 가득하니까요. 멋진 눈 조각들을 감상하면서 '이곳에 눈 축제가 없었다면 태백은 어떤 모습이었을까?' 한번 생각해 보세요. 축제가 지역 사회에서 얼마나 중요한 역할을 하는지 깨달을 수 있을 거예요.

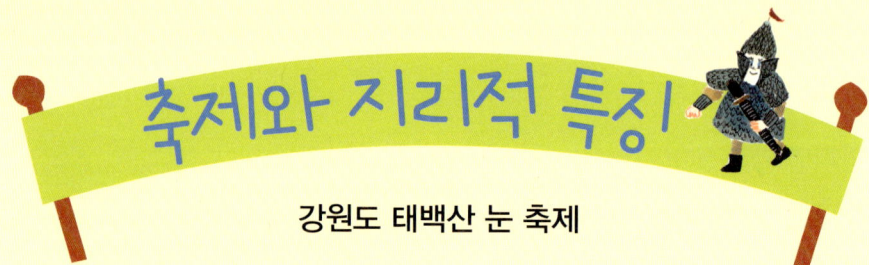

# 축제와 지리적 특징

## 강원도 태백산 눈 축제

**태백산맥 왼쪽에 더 많은 스키장**

　태백은 우리나라 대표 다설지(눈이 많이 내리는 지역)예요. 푄(습기를 가진 공기가 산을 넘으면서 고온건조한 바람으로 바뀌는 현상) 때문이지요. 태백은 태백산맥 꼭대기에서 약간 서쪽으로 치우쳐 있는데, 태백산맥이 겨울에 부는 북서풍을 가로막아 눈이 많이 오는 거예요. 태백산맥을 넘어 건조해지기 전에 바람이 눈을 잔뜩 뿌리는 거지요. 이런 이유로 같은 강원도라도 동해에 가까운 강릉보다 태백산맥 왼쪽에 있는 평창, 태백, 홍천 등에 스키장이 더 많이 있답니다.

# 1월
# 거제 국제 펭귄 수영 축제

### 추위를 다스리는 추위

이열치열이라는 말이 있어요. 열은 열로써 다스려야 한다는 뜻이에요. 불볕더위가 기승을 부리는 여름, 땀을 뻘뻘 흘리며 뜨거운 국물 요리를 먹는 게 바로 '이열치열'이에요. 그런데 추위도 추위로 다스리려는 사람들이 있어요. 매년 1월 거제도에서 개최되는 거제 국제 펭귄 수영 축제에 참가하는 사람들 이야기예요.

거제에 펭귄이 사냐고요? 아니요. 펭귄 축제는 남극 펭귄처럼 한겨울에 시원한 겨울 바다로 풍덩 뛰어드는 축제예요. 겨울이 되면 추위 때문에 모두 따뜻한 집 안에서만 머물려고 하잖아요. 그래서 거제도 주민들은 한겨울 수영 축제를 만들어 냈어요. 남극 펭귄처럼 건강하고 활기차게 추위를 이겨 내자는 의미에서요.

펭귄 수영 축제는 딱 하루만 열려요. 그래서 축제 날이 되면 사람들이 오전부터 하나둘 덕포 해수욕장으로 모여들어요. 그리고는 수영복만 남긴 채 옷을 훌러덩 벗고 해변을 이리저리 뛰어다니지요. 바다로 뛰어들기 전 준비운동을 해야 하니까요. 인간 펭귄들이 오들오들 떨며 뒤뚱거리는 재미있는 장면을 구경하는 것도 펭귄 수영 축제의 쏠쏠한 재미 중 하나예요.

바다에 뛰어든 사람들은 겨울 바다 한가운데서 수영 경기를 해요. 경기 코스는 무려 왕복 60미터나 돼요. 너무 추워 중간에 포기하는 사람도 많지만, 순식간에 바다 한가운데 있는 푯말을 찍고 해변으로 돌아오는 사람도 많아요.

"한겨울 남극의 펭귄처럼 물속으로 뛰어드는, 생기 넘치는 사람들을 보니 부럽지? 부러우면 얼른 밖으로 나와 움직여!"

겨울만 되면 잠든 곰처럼 웅크리고 있나요? 그럼 펭귄 수영 축제에 한 번 가 보세요. 건강도 지키고 재미있는 볼거리도 구경할 겸 말이에요. 거제의 겨울 바닷속으로 1천 명이 넘는 펭귄족이 한꺼번에 뛰어드는 모습, 기대되지 않나요?

# 축제와 지리적 특징

### 거제도 국제 펭귄 수영 축제

**수영하기 좋은 해안가**

　만은 바다가 육지 쪽으로 동그랗게 들어간 형태예요. 우리나라에서 제주 다음으로 큰 섬인 거제에는 수많은 만이 있지요. 만이 많다는 건 수영하기 좋은 안전한 해변이 많다는 뜻이에요. 겨울철 수영 축제 개최에 지리적으로 매우 적합한 거예요. 거제는 파도가 높지 않고 조수간만의 차도 적어 조선술(선박을 설계해 만드는 기술)에도 적합해요. 조선술을 배우기 위해 전 세계 많은 사람이 거제도를 찾지요. 현재 거제에는 외국인이 많아요. 그 덕분에 거제 펭귄 수영 축제는 국제 행사로도 주목받고 있어요.

# 2월
# 고싸움놀이 축제

**마을의 거센 기운을 다스리는 놀이**

"밀어라, 밀어라. 더 높이 밀어라! 물러서라, 물러서라. 아랫마을은 물러서라."

이게 무슨 소리냐고요? 누가 싸우냐고요? 아니에요. 고싸움놀이를 하는 소리예요. 고싸움놀이가 어떤 놀이인지 알고 있나요? 남자들의 놀이라고요? 맞아요. 고싸움놀이는 남자들이 정월 대보름에 즐기는 우리의 전통 민속놀이예요. 짚을 주재료로 만든 '고'를 놀이기구 삼아 승부를 겨루는 놀이지요. '고'는 실 같은 것의 한 가닥을 길게 빼서 동그랗게 맺은 모양을 뜻해요. 한복 단추를 보면 한쪽에는 단단한 실로 동그랗게 '고'를 맨 후 다른 쪽 단추를 고에 넣어 옷을 여미지요? 거기서 '고싸움'이라는 놀이 이름이 나온 거예요.

고싸움놀이는 두 편으로 나뉜 동네 사람들이 '으라차차' 구령을 붙이며 동그랗고 거대한 두 개의 '고'를 맞부딪쳐서 일종의 씨름을 하는 놀이예요. 상대편의 고를 힘과 기술로 눌러서 먼저 땅에 닿는 팀이 승리하는 게임이지요. 워낙 거칠고 험한 놀이라서 주로 남자들이 참여해요. 그렇다고 여자가 전혀 참여하지 않는 것은 아니에요. 놀이의 말미에는 동네 아낙네 수십 명이 힘도 보태고 응원도 하며 함께해요.

고싸움놀이는 마을에서 가장 용감하고 리더십이 있는 어른이 지휘해요. 이 사람을 '줄패장'이라고 불러요. 줄패장이 "밀어라! 왼쪽으로 밀어라!"라고 외치면 뒤에서 고를 밀고 당기는 치열한 싸움을 시작하지요.

오늘날 고싸움놀이를 하는 마을은 많이 줄었지만 고싸움놀이는 광주의 옻돌 마을을 중심으로 아직까지 계승되고 있어요. 매년 정월 대보름이 되면 옻돌 마을에서는 주민들의 단결심을 높이기 위해 온 마을 사람들과 이웃 마을 사람들까지 함께 모여 축제를 즐기지요.

동네 아저씨와 아주머니가 모두 한 팀이 돼 싸우는 마을 단위 고싸움이라니 얼마나 거대하고 웅장할지 상상이 가나요? 실제로 옻돌 마을 고싸움놀이 축제에 가면 수백 명의 어른들이 두 편으로 나뉘어 이리저리 몰려다녀요. 응원단까지 함께 소리치는 통에 실제 축제장에 가면 마치 거대한 공룡 두 마리가 싸우는 것처럼 보인답니다.

옻돌 마을에서는 왜 매년 고싸움놀이를 하는 걸까요? 전해 내려오는 이야기에 따르면 옻돌 마을은 소가 웅크리고 앉아 있는 모습이라 마을의 기운이 너무 세서 옛날부터 사고가 많이 일어났대요. 기운이 뻗친 소가 일어나 뛰어다니면 평온한 대지가 난장판이 돼 버리니까요. 옻돌 마을 사람들은 터의 거센 기운을 달래기 위해 주변 마을 사람들과 고싸움놀이를 즐기게 된 거예요. 고싸움놀이를 통해 드센 기운을 없애고 아랫마을, 윗마을과 서로 어우러지는 거지요.

# 축제와 지리적 특징

## 광주광역시 고싸움놀이 축제

### 소가 누워 있는 듯한 지형

광주 칠석동의 옻돌 마을은 대부분 농사짓기에 적합한 평지로 주변에 띄엄띄엄 작은 산들이 마을을 감싸고 있는 듯한 모습이에요. 평야 지대의 작은 산들이 들판에 웅크린 소처럼 보였는지 옻돌 마을 사람들은 마을이 묘하게 드러누운 소의 모양을 하고 있다는 이유로 혹시 마을에 안 좋은 일이 생길까 봐 옛날부터 걱정이 많았지요. 우리나라는 예부터 풍수지리를 매우 중요하게 여겨 왔거든요. 하지만 지금의 옻돌 마을은 현대식으로 개발돼 소가 누워 있는 듯한 모습은 찾아볼 수 없답니다.

# 2월
# 외암 마을 장승제

### 옛 모습 그대로인 대보름 풍습

요즘에는 가게에서 사 온 땅콩과 호두를 깨먹는 정도로 '대보름'을 간단하게 보내지만 사실 대보름은 우리 4대 명절 중 하나예요. 예전에는 마을 전체가 들썩거릴 정도로 큰 잔치를 열었죠. 외암 마을 장승제는 이 같은 대보름 풍습을 가장 원형에 가깝게 재현하는 우리나라 전통의 민속 축제예요.

외암 마을은 장승제뿐만 아니라 초가집, 나무 장승, 전통 의복, 고샅길까지 우리 조상들의 삶을 옛 모습 그대로 간직하고 있어요. 일부러 현대식으로 개발하지 않았지요. 장승제의 복잡하고 어려운 전통 의식도 그대로 지키고 있어요. 그 덕분에 외암 마을은 우리나라 대표 대보름 축제 마을로 지정되고, 수많은 관광객이 찾아오는 유명한 고장이 됐어요. 요즘은 장승제 기간에 외암 마을에 들어가려면 입장료를 따로 내야 할 정도지요.

장승제가 시작되면 마을 사람들은 풍물패와 함께 마을을 한 바퀴 돌며 축제의 시작을 알려요. 마을 사람이 모두 모이면 마을 입구에 서 있는 장승님께 찾아가 향을 피우고 제사를 지내지요.

"비나이다, 비나이다! 장승님! 올해도 우리 마을에 좋은 일만 생기도록 지켜 주세요! 악귀는 몰아내고 마을 사람들 모두 건강하게 지켜 주세요! 풍년 들게 해 주세요!"

장승제가 끝나면 외암 마을 곳곳에서 다양한 풍습을 재현하며 대보름을 즐겨요. 지난해 열심히 농사지은 곡식으로 오곡밥을 지어 나눠 먹기도 하지요. 오후에 마을 풍물패가 흥을 돋우면 투호나 떡메치기, 제기차기 등 옛 시골 마을에서 즐기던 전통놀이를 함께해요. 해가 저물기 시작하면 쥐불놀이도 하지요. 쥐불놀이는 들쥐나 해충을 잡기 위해 겨울에 하던 놀이인데 요즘에는 대보름을 상징하는 대표 풍습으로 기억되고 있어요.

외암 마을 장승제 같은 축제가 없었다면 우리는 대보름 축제가 어떤 모습이었을지 책에서 읽고 상상만 했을 거예요. 슈퍼에서 '대보름 땅콩 과자'를 사서 먹는 정도로 대보름의 의미를 잃어버렸을 수도 있어요. 모두가 옛 모습을 잃어가는 요즘 같은 때, 외암 마을 덕분에 대보름의 명맥이 어렵사리라도 유지되고 있으니 참으로 다행이지요.

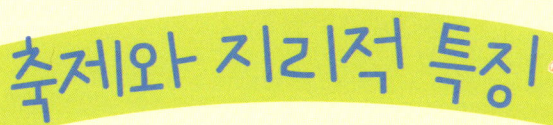

### 충청남도 아산 외암 마을 장승제

#### 농사로 키운 공동체 의식

　아산 일대는 지형적으로 농사를 짓고 살기에 아주 좋아요. 외암 마을도 뒷산이 아늑하게 마을을 에워싸고 앞에 맑은 강이 흐르는 아주 좋은 지형에 자리 잡고 있지요. 외암 마을 사람들은 옛날부터 산으로부터 먹거리와 땔감을 조달하고, 강에서 농사짓는 데 부족함 없는 물을 얻었어요. 농사는 혼자 짓는 것이 아니라 마을 사람들이 힘을 합해 같이 지었기 때문에 마을 전체가 특별한 공동체 의식을 갖게 되었지요. 오늘날까지 마을 입구에 세워진 우락부락한 장승 앞에서 다 함께 제사를 지내며 건강과 평화를 기원하는 것도 마을 사람 모두가 갖고 있는 공동체 의식 덕분이랍니다.

# 2월
# 황도 붕기 풍어제

### 돼지고기 금지!

충청남도 태안의 섬마을 황도는 돼지고기를 먹지 않아요. 돼지고기가 얼마나 맛있는지 모르는 거 아니냐고요? 원래 황도에서는 약 300년 전까지 위험천만한 바다로 나가는 어부들을 지켜 주고 물고기도 많이 잡게 해 주기 바라는 마음으로 뱀을 섬겼어요. 그런데 뱀과 돼지고기는 상극이에요. 그렇기 때문에 황도에서 돼지고기를 먹는다는 건 상상할 수 없는 일이었어요.

황도 마을 사람들은 뱀을 섬기는 동시에 바다의 신에게 제사도 지냈어요. 물고기를 많이 잡게 해 달라고요. '황도 붕기 풍어제' 이야기예요. 황도 붕기 풍어제는 바다를 삶의 터전으로 삼는 섬마을에서 1년 중 가장 중요한 의식이에요. 지난 수백 년간 이어져 온 황도만의 무당굿이기도 하지요. 엄숙한 전통 형식을 잘 간직한 덕분에 충청남도에서는 풍어제를 중요무형문화재로 보호하고 있지요.

풍어제가 열리는 날, 황도 사람들은 아침부터 눈코 뜰 새 없이 바빠요. 몇몇은 무당 집에서 소를 잡아 부위별로 나누고 모두 나눠 먹을 수 있게 장작불에 굽지요. 배를 가진 사람들은 배의 깃발을 마을 가운데에 모아 놓고 제사 지낼 준비를 해요. 아낙네들은 소고기와 함께 상에 올릴 맛있는 떡과 술, 과일 등을 준비하고요. 음식을 인심 좋게 넉넉히 만들어 관광객에게도 나눠 줘요. 준비가 끝나면 무당집에서 제사를 지내고 크게 굿판을 펼쳐요. 동네가 떠나갈 듯이 소란스러운 굿판은 새벽에야 겨우 끝이 나요. 이틀에 걸쳐 밤샘 굿을 하며 물고기가 많이 잡히기를 기원하는 거예요.

황도 붕기 풍어제처럼 고기를 많이 잡게 해 달라고 기원하는 축제는 다른 지역 어촌 마을에서도 간혹 볼 수 있어요. 하지만 황도처럼 오랜 역사를 두고 수백 년에 걸친 제사 의식을 그대로 간직한 곳은 매우 드물어요. 마을 사람들이 축제를 꿋꿋이 지켜가는 곳도 많지 않지요. 황도 붕기 풍어제는 여러모로 조상들에 대한 마을 사람들의 정성을 엿볼 수 있는 매우 소중한 민속 축제랍니다.

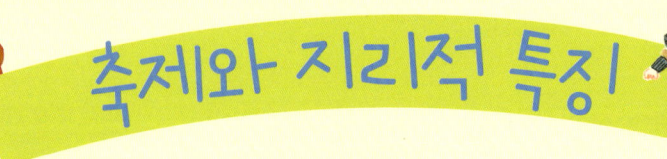

### 충청남도 태안 황도 붕기 풍어제

#### 태안 반도는 마을 방파제

　황도의 중심에는 신을 모시는 당집이 있어요. 어부들이 먼바다로 나가 길을 잃어도 당집에서 흘러나오는 빛을 따라 마을까지 안전하게 돌아왔다는 이야기가 전해 내려오지요. 황도는 아래로 길게 뻗은 태안반도 안쪽에 위치해 아주 오래전부터 안전하게 어로(고기나 수산물 따위를 잡거나 거두어들이는 일) 생활을 할 수 있었어요.

# 3월
# 구례 산수유 축제

### 봄을 알리는 꽃

전라도에는 봄을 알려 주는 특별한 전령이 있어요. 바로 봄이 오자마자 수줍게 봉오리를 틔우는 산수유 꽃이에요. 병아리처럼 아주 노랗고 예쁜 꽃이지요. 산수유나무는 열매도 요긴해요. 몸에 좋아 한약재로 쓰이거든요.

산수유 축제가 열리는 전라남도 구례는 우리나라에서 산수유나무가 가장 많은 고장이에요. 전국 산수유 열매의 70퍼센트가 이곳에서 나지요. 지리산 골짜기마다 흐드러지게 핀 산수유 꽃을 즐기기 위해 구례 사람들은 오래전부터 산수유 축제를 지내 왔어요. 구례 산수유 축제는 봄을 알리는 전라도의 대표 축제예요.

산수유나무가 전국에서 가장 많은 고장답게 구례에는 산수유에 얽힌 옛날이야기가 전해 내려오고 있어요. 지금으로부터 1천 년쯤 전의 일이에요. 구례의 산동 마을에 중국 산동 지방의 처녀가 시집을 왔어요.

처녀는 고향을 떠나야 한다는 슬픔에 매일 집 앞 산수유나무 아래서 울었어요. 그러나 시집갈 날은 오고 말았지요.

고향을 떠나기 전 처녀는 어린 산수유나무를 몰래 싸서 보따리에 숨겼어요. 시집온 다음에는 산동 마을 골짜기에 어린 산수유나무를 심어 놓고 정성껏 가꾸었지요. 처녀는 시집살이가 힘들고 가족들이 그리울 때마다 노란 산수유 꽃을 바라보았어요. 산수유나무를 어찌나 정성껏 가꾸었는지 꽃이 진 자리에는 매년 아주 많은 열매가 열렸지요. 산수유 열매가 몸에 좋다는 소문이 나면서 처녀는 금세 마을에서 제일 큰 부자가 됐어요. 처녀는 더 이상 울지 않았어요. 대신 남편과 함께 산수유를 기르며 오래오래 행복하게 살았답니다.

축제에 이런 전설이 숨어 있다니 놀랍지요? 구례 사람들은 지금도 매년 봄이면 마을 곳곳에 열심히 산수유를 심어요. 산수유 꽃도 실컷 보고 산수유 열매를 팔아 마을도 더욱 잘살 수 있게 말이에요.

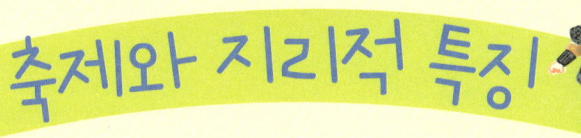

## 전라남도 구례 산수유 축제

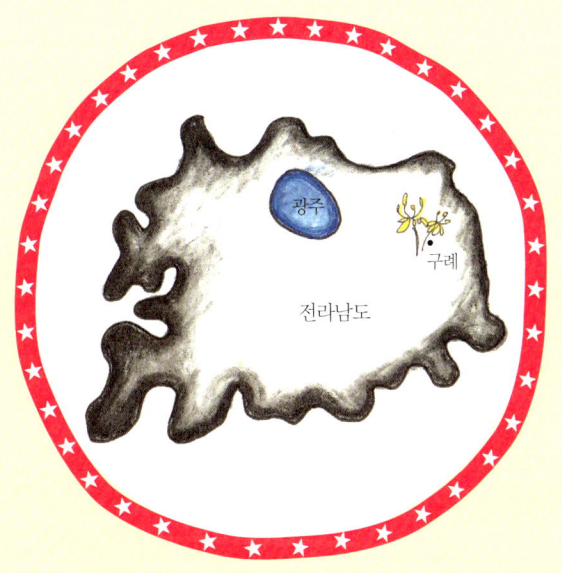

### 산수유를 기르기 좋은 지리산

산수유는 이른 봄에 꽃을 피워요. 초여름부터 서서히 열매를 맺기 시작해 초겨울 무렵에 수확하지요. 일조량이 풍부하고 일교차가 크며 바람이 많은 산록 분지에서 잘 자라는데, 초겨울 서리를 맞아야 최고 품질의 산수유를 재배할 수 있어요. 산수유 축제가 열리는 구례의 산동 마을은 지리산 산기슭에 자리 잡고 있어 산수유를 기르기 아주 좋아요.

# 3월
# 의성 국제 연날리기 축제

### 하늘로 날려 보내는 상상

 오래전 우리 조상들은 아버지가 직접 만들어 주신 연으로 친구들과 함께 연싸움을 했어요. 온 가족이 행복할 수 있도록 액운을 날려 보내는 연도 직접 만들어 날렸지요. 하지만 요즘은 연날리기를 할 수 있는 기회가 매우 드물어요. 어렵사리 연을 만들어도 높은 빌딩과 복잡한 전깃줄 때문에 연날리기는 생각조차 할 수 없죠. 이에 경상북도 의성에서는 몇 해 전부터 우리나라에서 가장 큰 연날리기 축제를 열어요. 전통 연을 만들어 과거에 대한 향수도 불러일으키고, 건강도 기원하며 연날리기 도시로 의성을 알리려는 목적이지요.

 의성 연날리기 축제에 가면 우리 연뿐만 아니라 세계 각국의 독특한 연도 골고루 볼 수 있어요. 어느 것이 우리 전통 연인지 구별하기 힘들만큼 엄청나게 다양한 각국의 연이 한꺼번에 날아오른답니다. 지난 의성 국제 연날리기 축제에는 세계 곳곳에서 몰려온 22개 나라의 독특한

연들이 참가했어요. 연을 날리는 고수만 무려 160명이 넘었다고 해요. 집채만 한 청개구리 연, 괴물 오징어 연, 비행기보다 더 큰 가오리 연, 하늘을 헤엄치는 스쿠버다이버 연 등 온갖 특이한 연들이 의성 하늘을 가득 채웠지요. 특히 거대한 스쿠버다이버가 날아올라 의성 하늘을 헤엄치는 순간 사람들은 "우와! 하늘에서 수영을 다 하네!" 하고 감탄했답니다. 어떻게 바닷속을 헤엄치는 스쿠버다이버를 연으로 만들어 하늘에 띄울 생각을 했을까요?

　의성은 원래 마늘 외에 별다르게 유명한 것이 없었어요. 농산물 외에 자랑거리가 없으니 의성은 점점 위축됐지요. 의성 사람들은 조용하고 평화로운 마을에 생기를 불어넣기 위해 축제를 만들었어요. 연날리기 축제를 열어서 이색 볼거리를 만듦으로써 도시에 새롭게 활력을 찾아준 거죠. 연날리기를 축제로 만든 덕분에 오늘날 의성과 연날리기는 더 이상 뗄래야 뗄 수 없는 깊은 사이가 됐답니다.

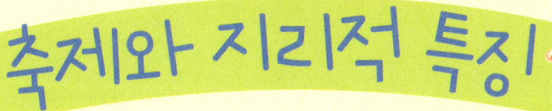

### 경상북도 의성 국제 연날리기 축제

#### 연날리기 좋은 지형

　의성은 전형적인 농업 도시예요. 낙동강 아래쪽에 자리 잡고 있고, 큰 산이 드물지요. 그 덕분에 연날리기 축제에 지리적으로 안성맞춤이라고 할 수 있어요. 연날리기는 전통적으로 입춘(봄이 시작되는 날)부터 두 달간 하는 것이 보통인데 높은 바람과 넓은 장소, 그리고 장애물이 없는 지형을 선택하는 것이 매우 중요해요. 넓은 평지와 강에서 불어오는 겨울바람이 의성 연날리기 축제의 성공 비결이라고 할 수 있어요.

# 3월
# 청도 소싸움 축제

### 소들의 먹이 싸움, 농부들의 웃음 축제

매년 봄 경상북도 청도군에서는 황소들의 씨름이 펼쳐져요. 오늘날 청도의 최고 자랑거리인 청도 소싸움 축제 이야기랍니다. 소싸움 축제에 놀러 가면 무지막지하게 큰 황소들이 서로 이마를 맞대고 힘겨루기를 하는 모습을 볼 수 있어요. 가만히 있는 소한테 "싸워라!" 한다고 알아들을 리도 없는데, 소싸움은 대체 어떻게 생긴 걸까요?

우리 전통 민속놀이인 소싸움은 소에게 풀을 먹이다가 우연히 시작됐어요. 들판에 옹기종기 모여 풀을 뜯고 있던 소들이 좀 더 맛있는 풀을 차지하겠다며 서로 씩씩거리는 장면을 보고 소의 주인들이 서로 자기네 소를 응원하던 것이 오늘날 소싸움 놀이가 된 거예요. 농경 사회였던 과거에는 농사짓는 데 꼭 필요한 소가 집안의 가장 큰 재산 목록이었기 때문에 사람들은 본격적인 농번기가 오기 전에 소싸움을 즐기며 서로의 건강과 풍년을 기원했어요.

청도 소싸움 축제에는 가슴 아픈 역사도 숨어 있어요. 일제 강점기에 청도 사람들이 소싸움을 하면서 서로 단합하고 돈독해지자 일본 순사들이 나쁜 마음을 품었거든요.

　"아니! 소싸움 덕분에 한국 사람들이 사이가 좋아지고 있지 않나? 빨리 소싸움을 폐지시켜!"

　일본 순사들은 한국인들이 서로 힘을 합치지 못하도록 '소싸움' 풍습을 없애려고 온갖 방법을 다 썼어요. 소싸움이 없어지면 사람들이 한자리에 모이거나 서로 격려하고 응원할 일이 없어질 테니까요. 하지만 청도 사람들은 일본의 탄압에도 꿋꿋하게 소싸움 풍습을 지켜 냈지요. 공식적으로 25년이 됐지만 청도 소싸움 축제는 사실 수백 년 전부터 이어져 내려오던 우리 고유의 풍습이라는 걸 잊지 말아요.

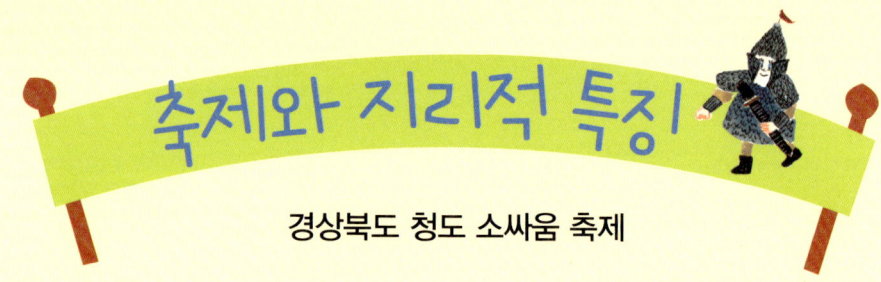

### 경상북도 청도 소싸움 축제

**소가 행복한 청정 농경 지대**

사방이 산으로 둘러싸인 청도의 한가운데는 동해와 남해로 동시에 흘러가는 청도천이 있어요. 물이 맑고 일조량도 많아 청도는 우리나라 대표 농경지로 손꼽혀요. 소를 키우며 농사짓기에는 아주 좋은 자연환경이지요. 교통은 편리하지 않지만, 농경지가 많고 촌락이 발달하니 양반들도 많이 정착했어요. 청도에는 냉장고가 없던 시절, 얼음을 보관하던 석빙고도 있었지요. 역사적으로도 매우 번성한 지역 도시인 셈이에요.

# 4월
# 진도 신비의 바닷길 축제

### 남해에서 일어나는 모세의 기적

'모세의 기적'에 대해 알고 있나요? 아주 오래전 이스라엘 사람들은 이집트의 지배에서 벗어나기 위해 도망치다 홍해 바다 앞에서 멈추었어요. 바다를 건널 방법이 없어 낙심한 이스라엘 사람들 사이에서 모세는 간절히 기도했지요.

"제발 홍해를 건너가게 해 주세요."

그러자 마치 마법에 걸린 것처럼 거대한 홍해 바다가 두 갈래로 쩍 갈라졌어요. 이스라엘 사람들은 기적적으로 이집트에서 탈출할 수 있었지요. 그런데 한국에서도 모세의 기적이 일어난다는 사실을 알고 있나요? 진도 앞바다 '모도'라는 작은 섬에는 매년 4월이 되면 바닷길이 아주 선명하게 드러나요. 조수간만의 차에 의해서 생기는 자연 현상이지요. 한국에 그런 곳이 있다니 정말 놀랍죠? 이 신기한 현상 때문에 진도에는 매년 수십만의 인파가 몰려들었어요.

"찾아오는 사람들이 너무 많아 골치로군. 아예 더 많은 사람이 함께 볼 수 있도록 축제로 만들어야겠어!"

바다가 갈라지는 길이 생기는 기적은 딱 한 시간 동안만 일어나요. 축제 기간에도 매일매일 몇 시에 바닷길이 열리는지 꼭 확인하고 가야 해요. 그렇지 않으면 드넓은 바다만 실컷 보고 올 거예요.

진도에도 바다가 갈라지는 일에 관련해 이야기가 전해 내려와요. 옛날에는 진도에 호랑이가 나타나 사람을 잡아먹는 일이 잦았대요. 마을 사람들은 황급히 모도로 피신했는데, 너무 급하게 피신하는 바람에 뽕 할머니 한 분만 남겨 두고 갔어요. 뽕 할머니는 헤어진 가족이 너무나 그리워 매일매일 용왕님께 제사를 지냈지요. 그러던 어느 날, 용왕님이 꿈속에 나타났어요. 이튿날 새벽 뽕 할머니는 바다에 나가 봤어요. 그랬더니 신기하게도 바다가 갈라졌어요. 뽕 할머니는 모도 섬에 있던 가족들과 뜨겁게 재회했지요.

진도 신비의 바닷길 축제는 자연 현상을 소재로 한 독특한 지역 축제예요. 진도처럼 특수한 자연 현상을 소재로 축제를 개최하면 자연스럽게 자연을 더욱 소중히 해야겠다는 생각을 갖게 되지요. 이것이야말로 축제를 통해 진도의 자연을 선보이려는 진정한 이유랍니다.

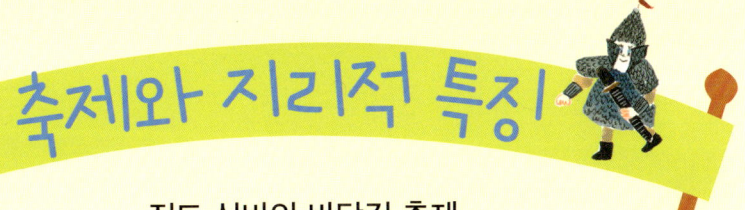

# 축제와 지리적 특징

### 진도 신비의 바닷길 축제

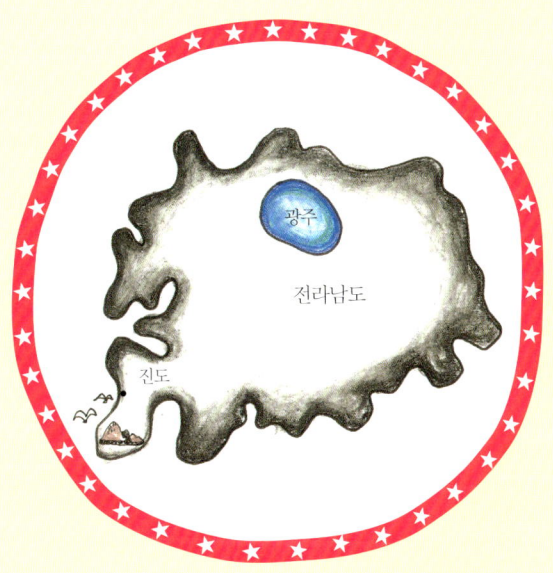

**조수간만의 차가 만들어 내는 기적**

　바다가 갈라지는 현상은 진도군의 금계리와 모도리 사이에서 나타나요. 금계리(육지)와 모도리(섬) 사이의 바닷속에는 두 곳을 연결하는 긴 언덕배기가 형성돼 있지요. 해류에 의해 생긴 바닷속 언덕들인데, 평소에는 바닷물에 잠겨 보이지 않아요. 하지만 조수간만의 차 때문에 바닷물이 낮아지는 순간, 바다가 갈라져 섬으로 가는 바닷길이 열리는 것처럼 보여요. 축제는 바닷길이 가장 크게 열리는 2월부터 4월 사이에 펼쳐져요.

## 4월
## 기지시 줄다리기 축제

**이게 줄이야, 통나무야?**

가을 운동회나 체육 대회가 열리면 학년별로 줄다리기 경기를 하지요? 그런데 줄다리기가 우리나라 '중요무형문화재'라는 걸 알고 있나요? 지금은 학교 운동회에서나 즐기는 체육 종목이지만, 알고 보면 줄다리기는 우리 전통놀이 중 하나거든요. 반드시 힘을 모아야만 승리할 수 있다는 특성 때문에 지역 사회를 단합시키는 아주 중요한 공동체 놀이였답니다.

물론 모든 줄다리기가 중요무형문화재로 지정된 건 아니에요. 옛날 방식의 전통 줄다리기를 특별히 잘 보존한 충청남도 당진군 송악면 기지시 마을에서 펼쳐지는 기지시 줄다리기가 중요무형문화재지요. 아주 오랜 옛날부터 기지시 사람들은 겨우내 지푸라기를 모아 길고 굵은 줄을 만들고, 이른 봄이 되면 줄다리기를 했어요. 기지시 줄다리기는 그 역사가 자그마치 500년에 이르지요. 500년 동안 매년 4월이 되면 한자리에 모여 줄다리기 게임을 하며 협동심을 기른 거예요. 마을 사람들은 줄다리기를 하면 협동심도 기르고 자연재해와 돌림병 등 액운도 물리칠 수 있다고 믿었어요.

그래서 해가 갈수록 줄을 더욱 더 크고 웅장하게 만들었지요. 줄의 지름이 무려 1미터가 넘는다니 상상이 되나요? 실제로 기지시 줄다리기를 보면 줄이 마치 거대한 통나무처럼 보여요. 사람들이 줄을 잡고 당기기 시작하면 거대한 용 한 마리가 하늘로 용솟음치는 것처럼도 보이지요.

이 엄청난 줄을 움직이려면 무려 5천 명 이상이 힘을 합해야 한대요. 그래도 겨우겨우 움직일 수 있답니다. 기지시 마을의 선조들은 기지시 줄다리기의 줄을 더 무겁고 거칠게 만들어 후손들에게 '다 함께 힘을 합치지 않으면 안 된다.'는 것을 가르쳐 주고 싶었나 봐요. 기지시 줄다리기 축제가 더욱 소중한 건 그래서예요. 수천 명이 모이지 않으면 이루어질 수 없는 축제니까요. 이다음에 기지시 마을에 가게 되면 꼭 함께 힘을 모아 축제의 의미를 되새겨 봐요.

기지시 줄다리기 민속 축제는 모두 나흘간 열려요. 마을 사람들에게는 마을 회관에 모여 다음 축제를 논의하며 함께 새끼줄을 꼬아 거대한 줄을 만드는 과정부터 축제의 시작이지요. 마음을 모으고 서로 어루만지면서 축제를 준비하는 과정 속에서 아끼고 협동하는 마음을 기를 수 있으니까요. 그게 바로 기지시 줄다리기가 500년이나 계속될 수 있었던 이유이지요.

# 축제와 지리적 특징

## 충청남도 당진 기지시 줄다리기 축제

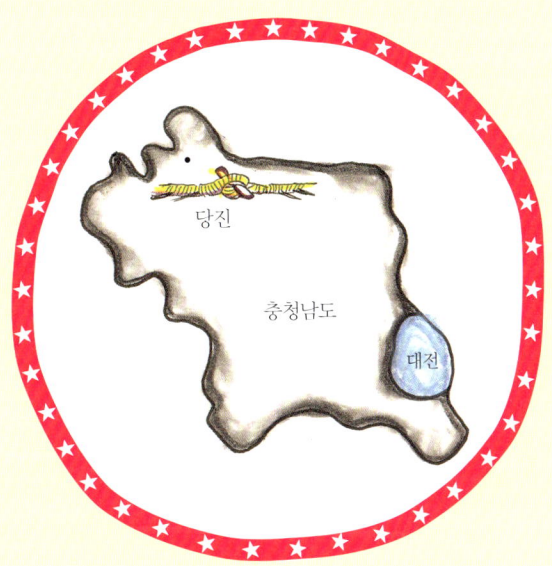

### 벼농사에서 유래된 놀이

기지시 마을이 있는 당진은 충청남도의 최북단에 있어요. 서해와 아산만을 끼고 있지요. 육지의 3분의 2가 바다와 맞닿아 있어요. 어업과 농업이 고루 발달했지요. 매년 겨울, 농민들은 수확을 끝낸 뒤 모아 둔 볏단으로 멍석 같은 생활 도구를 만들었어요. 지푸라기 공, 새끼줄도 만들어 마을 사람들의 공동체 놀이에 활용했지요. 그것이 줄다리기 놀이로 발전한 거예요.

# 4월
# 문경 전통 찻사발 축제

### 축제로 이어 가는 도예 문화

1999년부터 문경에서는 전통 찻사발 축제가 열려요. 축제의 주제는 매년 조금씩 바뀌지만 기본적으로 차를 마시는 도자기, 그러니까 '찻사발'에 대해 다룬다는 점은 변함이 없어요. 차를 마시지 않아서 관심이 없다고요? 찻사발에 관련된 축제라니 재미없겠다고요? 천만에요. 불가마 구경부터 직접 물레를 돌려 점토 그릇을 만드는 경험까지 재미있는 놀 거리가 얼마나 많은데요.

문경은 우리 전통 도예 문화를 가장 잘 보존한 곳이에요. 180년 전, 조선 시대에 만들어진 망댕이 가마도 본래 모습 그대로 남아 있어요. 망댕이 가마는 우리나라 특유의 전통 가마로 진흙으로 만든 어마어마한 아궁이예요. 옆에서 보면 엉덩이를 들고 있는 애벌레처럼 보이기도 해요. 단열 효과도 뛰어나고 온도도 잘 유지돼 망댕이 가마에서 구워지는 도자기들은 하나같이 아름다운 빛깔을 자랑하지요. '망댕이 가마에

불 지피기'는 찻사발 축제의 최고 인기 프로그램이기도 해요.

 문경 전통 찻사발 축제에 가면 물레를 돌려 직접 그릇을 빚을 수도 있어요. 찻사발 축제라고 모두 찻사발만 만드는 건 아니에요. 점토로 생활용품도 빚을 수 있어요. 접시, 밥공기, 국그릇부터 액자까지 좋아하는 물건을 자유롭게 만들면 되는 거예요. 축제장에서 잠시나마 도예가가 돼 보는 거지요. 난생처음 도자기를 빚더라도 걱정하지 말아요. 낑낑거리면서 물레를 발로 돌리다 보면 동그란 모양의 아기자기한 사발을 멋지게 만들어 낼 수 있으니까요. 그렇게 직접 만든 그릇들을 망댕이 가마에 넣고 구우면 아름다운 빛깔의 도자기가 탄생하는 거예요.

 요즘 시대에 축제조차 열리지 않는다면 그나마 명맥이 유지되고 있는 우리 도예 문화는 완전히 사라져 버릴지도 몰라요. 수백 년 동안 문경이 간직해 온 아름다운 도예 문화가 사라져 버린다고 생각하면 정말 안타깝지요. 다행히 찻사발 축제 덕분에 도예 문화는 아직까지 명맥을 유지하고 있어요. 오늘날 문경 사람들은 도예 문화의 중심지였던 문경의 중요성과 자긍심을 사람들에게 전하고 싶어 축제를 여는 것일지도 모르겠어요.

# 축제와 지리적 특징

## 경상북도 문경 전통 찻사발 축제

### 생활 자기의 중심지

문경은 소백산맥 위에 걸쳐 있어 산이 많이 험준해요. 화강암과 편마암이 발달해 무연탄, 석회석, 철 등이 많이 나는 제1의 광업산지였지요. 문경 사람들은 무연탄을 캐고 파낸 흙으로 도자기를 빚었어요. 만들어 낸 도자기는 모두 실생활에 유용하게 사용됐지요. 자기를 구워 내는 가마터를 도요지라고 하는데, 문경은 내륙에서 가장 많은 도요지가 발견되는 지역이에요. 명실상부한 생활 자기의 중심지라 할 수 있어요.

# 5월
# 춘천 마임 축제

### 우리 몸이 예술이라고?

매년 5월 호반의 도시 춘천에는 '몸'을 소재로 다루는 예술가들이 모여요. 마임 축제에 참가하기 위해서요. 춘천 마임 축제는 인간의 아름다운 '몸'을 주제로 개최되는 아시아 최대의 예술 축제예요. 한국어를 모르는 외국인들과 평소 공연 예술이 관심이 없던 사람들을 위해 마임 공연만 모아 놓은 아주 독특한 축제지요. 마임은 대사 없이 몸짓으로만 내용을 전달하는 공연이에요. 평소에 예술이 너무 어렵다고 불평하던 사람들도 춘천 마임 축제에서는 부담 없이 재미있게 공연을 볼 수 있어요.

춘천 마임 축제의 가장 재미있는 놀 거리는 뭐니 뭐니 해도 물 싸움이에요. 축제 기간 동안 춘천 시내에서 딱 한 차례, 도로 한복판에서 미친 듯이 물 싸움을 하다 보면 시간이 정신없이 빨리 지나가요. 일단 싸움이 시작되면 거리의 사람들은 준비해 온 물을 서로의 머리 위에 퍼부어요. 모르는 사람에게 물을 쏟아부어도 화내지 않느냐고요? 그럼요.

축제잖아요. 생각만 해도 신나는 놀이 축제지요? 춘천 마임 축제에서는 이렇게 몸을 활용한 온갖 놀이와 공연이 매일 수십 개씩 펼쳐져요.

  춘천에서 마임 축제를 여는 이유는 춘천이 문화예술의 중심이라는 걸 알리기 위해서예요. 마임 축제 같은 예술 축제가 많아질수록 사람들은 '춘천' 하면 문화예술을 떠올릴 테니까요. 예술성 높은 축제의 개최로 도시에 긍정적인 이미지를 입히는 거예요. 이런 작업을 '도시 브랜드' 만들기라고 해요. 춘천은 지금도 축제를 통해 한국 제1의 문화 도시임을 알리기 위해 노력하고 있어요.

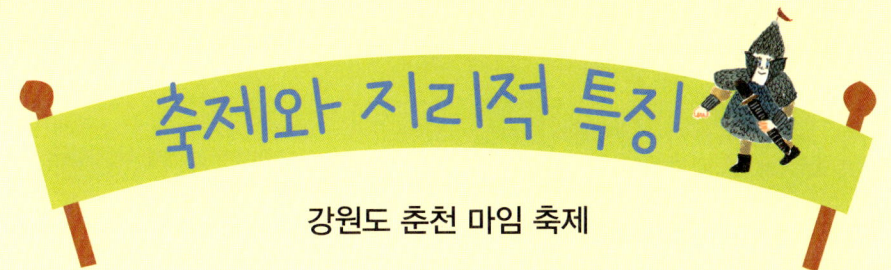

## 축제와 지리적 특징

### 강원도 춘천 마임 축제

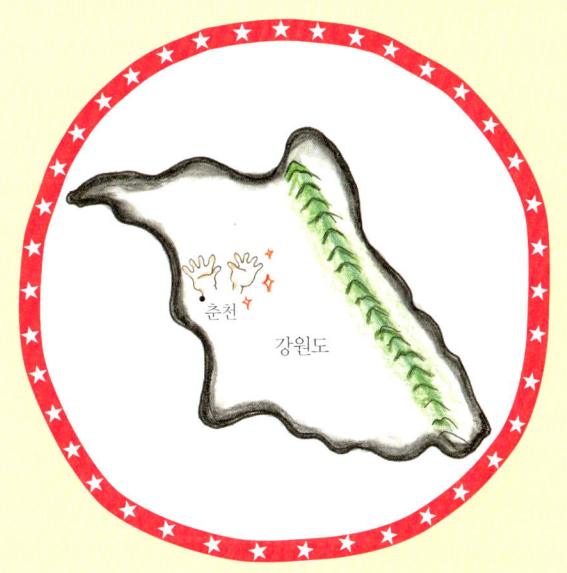

**댐이 만든 호반의 도시**

춘천은 '봄 춘春', '내 천川'을 써요. '봄이 오는 시내'라는 뜻이에요. 산과 강이 골고루 많아 강원도에서 봄을 가장 먼저 볼 수 있다는 의미로 조선 시대 태종 때부터 춘천이라고 불렀어요. 춘천을 호반의 도시라고 부르는 이유는 호수 때문이에요. 춘천의 북쪽에는 북한강과 소양강이 있는데 이곳에 춘천댐과 소양강댐을, 아래쪽에 의암댐을 건설하면서 거대한 호수가 만들어졌거든요.

# 5월
# 담양 대나무 축제

### 대나무 삿갓 쓰고 배우는 선비 정신

전라남도 담양은 '대나무 하면 담양'이라고 말할 만큼 대표적인 대나무 생산지예요. 매년 5월에 대나무 축제도 열리지요. 축제에 가면 직접 대나무를 다듬어 삿갓도 만들어 볼 수 있어요. 대나무를 촘촘히 엮어 물고기 채를 만들면 대나무 물고기 잡기도 즐길 수 있지요.

담양 사람들이 축제까지 열 정도로 대나무를 사랑하는 이유는 무엇일까요? 바로 대나무가 상징하는 선비 정신 때문이에요. 옛날부터 동양에서는 대나무가 군자와 선비가 본받아야 할 품성을 지녔다고 생각했어요. 항상 곧고 속이 깨끗이 비어 있으며 마디마디가 뚜렷하잖아요. 게다가 맑은 자연환경에서만 자라지요.

담양 사람들의 대나무 사랑은 '죽취일'만 봐도 알 수 있어요. 죽취일은 대나무를 심는 날이에요. 담양 사람들은 고려 시대 초부터 음력 5월 13일을 대나무 심기에 가장 좋은 날로 정하고 마을 주변과 야산, 집 앞 울

타리에 대나무를 열심히 심었어요. 음식과 죽엽주라는 대나무 술을 나눠 먹으며 서로 격려하고 친목을 다지는 잔치를 벌였지요. 끊임없이 대나무의 혜택을 즐길 수 있도록 매년 꾸준히 대나무를 심은 거예요. 담양 사람들에게 죽취일은 1년 중 가장 중요한 기념일이래요.

사실 담양 사람들의 대나무 사랑은 1900년대에 들어서 주춤했어요. 일제 강점기라 먹고살기도 힘든 데다 해방 직후 한국전쟁이 일어나 대나무를 심고 가꾸기가 어려웠지요. 1999년이 되어서야 담양이 원래 대나무의 도시였다는 사실을 알리고자 대나무 축제를 열게 됐어요. 대나무의 고장 담양에 놀러 가서 대쪽 같은 선비 정신을 배워 보는 것은 어떨까요?

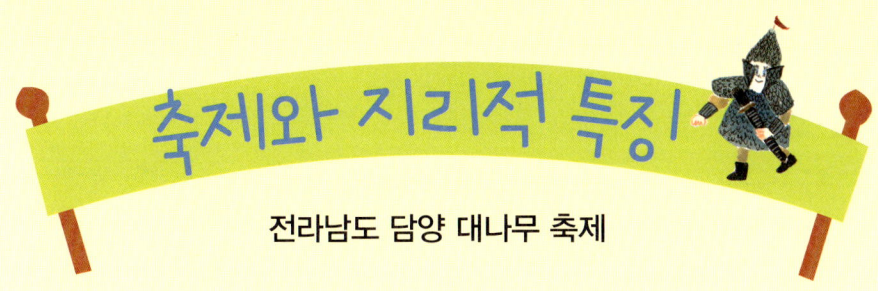

## 축제와 지리적 특징

### 전라남도 담양 대나무 축제

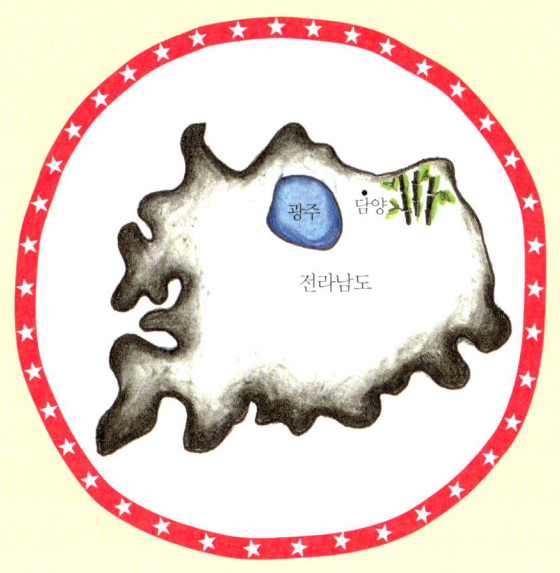

### 대나무의 천국

고대 사회에서는 대나무를 깎아 무기와 집을 만들었어요. 현대 사회에서는 대나무를 이용해 장신구, 생활 도구, 어구, 펄프 원료를 만들지요. 죽순은 식재료로도 이용해요. 이처럼 다양한 곳에 쓰이는 대나무는 기온과 습기에 매우 민감해요. 그래서 남쪽 지방인 전라남도, 경상남도에서 주로 자라요. 담양은 따뜻하고 비가 많이 내리며 특히 흙이 좋아요. 대나무를 키우기 아주 좋은 환경이라 우리나라에서 대나무 숲이 가장 넓은 고장이랍니다.

## 5월
# 날뫼 축제

**축제에서만 볼 수 있는 전통 춤**

　대구시에는 비산동이라는 마을이 있어요. 비산은 '날아온 산'이라는 뜻이에요. 한글로는 '날뫼'라는 이름으로 불리지요. 이곳은 1608년까지 그저 넓은 평야였대요. 해주 오씨, 인동 장씨, 경주 최씨 등 3가지 다른 성씨들이 정착해 살고 있어서 조선 시대에는 '오장최동'이라고 불렸다고 해요. 그러던 어느 날 한 아낙네가 개천가에서 빨래를 하는데 어디

선가 아름다운 음악이 들려오더래요. 가만히 음악이 들려오는 서쪽 하늘을 쳐다봤더니 커다란 산이 구름까지 얹은 채 둥실둥실 오장최동 쪽으로 날아오지 뭐예요. 아낙네는 깜짝 놀라 자기도 모르게 뒤로 넘어졌어요. 들고 있던 빨래방망이도 내동댕이쳤지요. 아낙네는 잠시 후 정신을 차리고 급하게 소리를 질렀어요.

"여기 좀 보시오, 동네 사람들! 산! 산이 날아와요! 산이 하늘에 떠다닌다고요!"

구름인 양 둥실둥실 떠서 날아오던 산은 시끄러운 아낙네의 목소리에 놀라 갑자기 아래로 뚝 떨어져 버렸어요. 허허벌판 평지였던 오장최동에는 그때부터 마을 한가운데 동그란 동산이 자리 잡게 됐지요.

산이 날아온 다음부터, 마을 사람들은 마을의 안녕과

풍년을 기원하기 위해 하늘에 제사를 지냈어요. 제사 후에는 춤과 노래를 즐기며 잔치를 벌였지요. 동네잔치는 시간이 지나면서 점점 커졌어요. 1993년부터는 공식적으로 '날뫼 축제'가 됐지요.

날뫼 축제에는 두 가지 독특한 볼거리가 있어요. 하나는 대구시 비산동 일대에서 전승돼 온 '천왕매기 굿'이에요. 400년 전 대구에 가뭄과 돌림병이 돌아 마을 사람들이 많이 죽으면서 시작됐어요. 천왕매기 굿은 날뫼 축제에서 만날 수 있는 독특한 지역 행사로 무형문화재로 지정돼 있어요. 또 다른 볼거리는 '날뫼 북춤'이에요. 날뫼 북춤은 얼핏 농악 놀이처럼 보여요. 빨강, 초록, 하얀색이 들어간 한복을 입은 동네 사람들이 모여 큰북을 들고 둥글게 원을 그리며 춤추고 놀지요. 북을 이용해서 추는 민속춤이에요.

천왕매기 굿, 날뫼 북춤처럼 특정 지역에서만 전해 내려오는 전설과 춤, 제사는 축제로 계승하지 않으면 금세 사라져 버려요. 날뫼 축제가 없었다면 비산동의 숨은 전설과 풍습도 아마 벌써 잊혔을 거예요. 날뫼 마을 사람들이 천왕매기 굿과 날뫼 북춤을 앞으로도 계속 이어갈 수 있도록 관심을 갖고 지켜봐요.

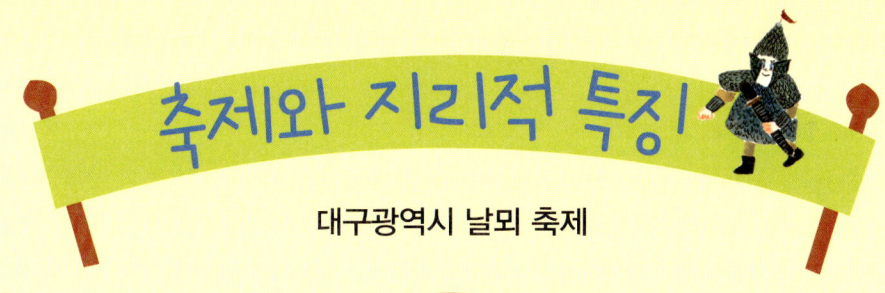

## 축제와 지리적 특징

### 대구광역시 날뫼 축제

**우리나라에서 가장 더운 도시**

대구는 여름에 가장 덥고, 겨울에 추운 도시예요. 남동풍이 부는 여름에는 남쪽의 비슬산이 병풍 역할을 해서 바람이 통하지 못해요. 북서풍이 부는 겨울에는 낙동강을 따라 대륙성 차가운 바람이 몰아치지요. 사방이 높은 산으로 둘러싸인 넓은 평야에 자리 잡고 있기 때문에 연교차가 심한 거예요. 대구같이 산으로 둘러싸인 지형을 '분지'라고 한답니다.

# 6월 무주 반딧불 축제

**축제로 알리는 환경보호의 중요성**

반딧불이는 몸에서 독특한 불빛을 내뿜는 곤충이에요. 배우자를 찾기 위해 빛을 뿜으며 신호를 보내지요.

"깜빡! 깜빡! 내 사랑 어디 있나요? 깜빡! 깜빡!"

사랑을 찾기 위해 몸에서 빛을 내며 날아다닌다니 굉장히 낭만적인 벌레지요? 하지만 옛날 사람들은 반딧불이를 '개똥벌레'라고 더 많이 불렀어요. 따뜻하고 습한 곳을 좋아해 개똥 무덤 밑에 숨어 있다가 밤에 빛을 밝히고 날았거든요.

'똥'과 관련된 별명과 달리 반딧불이는 아주 깨끗한 환경에서만 살아요. 산업이 발전하고 환경이 오염되면서 점점 사라져 갔지요. 무려 5천만 년에서 7천만 년 전인 신생대 시대부터 존재하던 반딧불이가 안타깝게도 멸종 위기 곤충이 돼 버린 거예요.

우리나라에서 지금 반딧불이를 많이 볼 수 있는 곳은 전라북도 무주

예요. 무주에서는 매년 반딧불이가 가장 왕성하게 활동하는 6월 열흘간 반딧불 축제를 열지요. 반딧불이를 지키고 보호하자는 취지로요. 정부에서는 반딧불이를 더 이상 잃으면 안 되는 소중한 환경보호의 대상으로 보고, 반딧불이가 남아 있는 무주 일원을 천연기념물로 지정하기도 했어요.

무주 반딧불 축제에 가면 신비한 반딧불이를 바라보며, 자연의 중요성과 환경오염의 심각성에 대해 생각하게 돼요. 반딧불이가 무주에서도 완전히 사라져 버린다면 정말 지구 멸망이 가까운 건지도 모르니까요. 그런 면에서 무주 반딧불 축제는 반딧불이가 인간들에게 외치는 마지막 경고라고도 할 수 있지 않을까요?

예전에는 시골 마루에 옹기종기 가족들이 모여 앉아 밤늦게까지 이야기를 나누곤 했어요. 밤하늘에 뜬 별을 바라보며 삶은 옥수수며 고구마를 맛있게 먹다 보면 어디선가 반짝반짝 빛나는 반딧불이가 나타났지요. 마치 별이 날아다니는 듯 신비한 반딧불이의 날갯짓을 구경하다 보면 금세 밤이 깊어졌어요. 다시금 환경이 깨끗해지면 무주뿐만 아니라 전국 곳곳에 반딧불이가 날아오르게 될 거예요. 반딧불이의 아름다운 날갯짓을 볼 수 있도록 우리 모두 환경보호를 위해 노력해요.

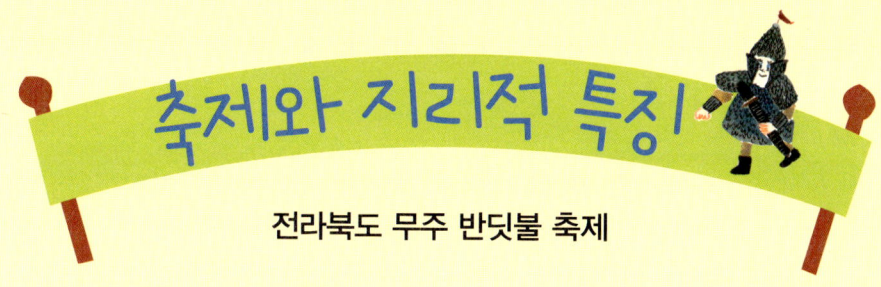

## 축제와 지리적 특징

**전라북도 무주 반딧불 축제**

### 다슬기가 사는 남대천

반딧불이는 애벌레 상태로 다슬기를 먹으며 약 250일을 자라요. 다슬기는 청정 1급수에서만 살 수 있기 때문에 반딧불이가 산다는 것은 다슬기가 살 수 있을 만큼 강물이 깨끗하다는 의미예요. 반딧불 축제가 열리는 무주의 남대천은 소백산맥의 가파른 고개에 위치해 있어서 사람들이 접근하기가 어려워요. 옆에 있는 덕유산은 국립공원이라 항상 관리하고 있고요. 그 덕분에 맑고 깨끗한 환경을 유지하고 있지요.

# 6월
# 생거진천 농다리 축제

### 위기를 알려 주는 신비의 농다리

　동양에서 가장 오래된 돌다리가 우리나라에 있다는 사실을 알고 있나요? 지금으로부터 1200년 전에 순수하게 돌만 쌓아서 만든 충청북도 진천의 '농다리' 이야기예요. 얼핏 보면 동글동글하고 넓적한 돌을 주워 그냥 생각 없이 쌓은 것처럼 보이지만 농다리는 어떤 기둥이나 지지대도 없이 돌로만 쌓았다고는 믿기지 않을 만큼 견고하답니다. 홍수가 마을을 덮쳐 거센 물살이 몰아쳐도 무너지지 않아요. 농다리 돌 사이로

물살이 모조리 빠져나가 천년이 지난 지금까지 멀쩡하게 제 모습을 지키고 있어요. 어떻게 다리를 만들었기에 이렇게 오랫동안 부서지지 않고 견딜 수 있을까요?

  동양 최초의 돌다리인 농다리에 대한 입소문이 나면서 진천에 관광객이 모여들기 시작했어요. 정부에서는 1976년 진천 농다리를 충청북도 지방유형문화재 제28호로 지정해 보호하고 있어요. 사람들은 천년의 세월을 견딘 진천 농다리의 가치를 세상에 알려야 한다고 목소리를 높였어요. 그래서 2000년부터 진천에서는 '생거진천生居鎭川 농다리 축제'를 열고 있어요. 농다리 축제에는 다양한 프로그램이 준비되어 있는데, 주로 농다리 밟기 체험이 많아요. 그중 돌아가신 조상님을 강 건너편에 모시기 위해 행하던 상여 농다리 건너기 프로그램은 눈길을 사로

잡아요.

그런데 '생거진천'이 도대체 무슨 뜻이냐고요? 옛날부터 충청도에는 '생거진천 사거용인死居龍仁'이라는 말이 전해 내려와요. '살기에는 진천이 좋고, 죽은 뒤 땅에 묻힐 때는 명당이 많은 용인이 좋다.'는 뜻이에요. 진천은 산과 물, 평야가 골고루 분포돼 예전부터 농사짓고 살기에 최고로 좋은 지역이었어요. 지금도 굴티 마을 사람들은 '생거진천'이라는 말을 가장 좋아하지요. 그런 이유로 축제 이름도 '생거진천 농다리 축제'라고 지은 거예요.

오랜 세월을 견뎌 온 만큼 진천 농다리에 얽힌 이야기도 수없이 많아요. 할아버지의 할아버지의 할아버지, 그보다 훨씬 더 높은 할아버지 때부터 마을 사람들과 함께 살아온 1,200살짜리 농다리잖아요. 만든 지 워낙 오랜 세월이 지났기 때문에 나라에 큰일이 일어날 때마다 울음소리가 난다는 이야기도 있어요. 임진왜란 때도 우는 소리를 내며 누구보다 먼저 위기를 알려 줬고, 한국전쟁이 났을 때도 구슬프게 우는 소리가 며칠이나 계속됐대요.

요즘은 많은 풍수학자가 진천 농다리를 보고 좋은 기운이 넘치니 곧 크게 운이 들어올 거라고 말한대요.

"진천 농다리에는 아홉 개의 명당이 숨어 있어! 나라도 구할 기운이 넘치는구나!"

사실 굴티 마을은 매일 매일이 농다리 축제예요. 어제 그랬듯이 오늘도, 내일도 농다리가 자리를 지키고 있을 테니까요. 굴티 마을 사람들에게 농다리는 영원히 지켜야 할 소중한 유산이에요. 진천 농다리 축제에 가서 동양 최초의 돌다리도 구경하고, 축제도 즐겨 봐요.

# 축제와 지리적 특징

### 충청북도 진천 생거진천 농다리 축제

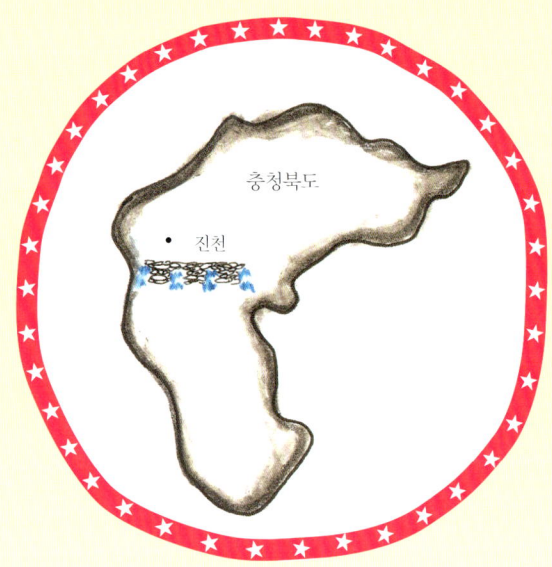

**충청도 지역 사회의 유일한 관문**

진천은 농사지을 땅이 넓고 물이 풍부하며 햇볕이 따스하게 내리쬐요. 전형적인 전원 지대라 배수가 잘 돼 홍수 같은 자연재해가 없고, 먹고사는 데도 문제가 없지요. 농사가 잘 되니 자연스럽게 이웃 마을과의 교류도 활발했어요.

농다리는 아주 오랫동안 지금의 진천 문백면과 초평면을 잇는 유일한 다리였어요. 초평 저수지가 축조된 지금은 교각과 도로가 생기면서 자연스럽게 교류의 기능이 사라졌지만, 농다리는 천년이 넘게 진천 농부들의 삶을 지켜본 소중한 문화유산이랍니다.

# 6월
# 해운대 모래 축제

**사라지는 모래 해변**

　해운대 모래 축제는 부산의 대표 바다 축제예요. 본격적인 여름 휴가철 직전에 많은 관광객을 부산으로 끌어들이기 위한 해변 예술 축제지요. 축제 기간에 해운대에 가면 퍼레이드도 볼 수 있고, 모래 언덕에서 썰매도 탈 수 있어요. 한밤중에는 신나는 콘서트가 열리고요. 하지만 해운대 모래 축제에서 무엇보다 중요한 볼거리는 해운대 백사장을 가득 메운 기상천외한 모래 조각들이에요. 해운대 백사장에 떡하니 서 있는 거대한 나폴레옹, 앙증맞은 엉덩이를 하늘로 올린 채 선탠 하는 비키니 모래 인형들, 슈렉, 인어공주, 백설공주, 피카츄 같은 만화 속 주인공들까지……. 모두 축제 기간에 해운대 백사장에서 만날 수 있는 다양한 모래 조형이랍니다. 아마 해운대 모래 축제에 가 보면 각국에서 몰려온 모래 예술가들이 펼쳐 놓은 신비한 조형을 구경하느라 백사장 양끝을 수차례 오가도 다리 아픈 줄 모를 거예요.

해변에서는 수영만 하는 줄 알았는데, 모래를 가지고 이렇게 기상천외한 축제를 만들어 내다니 놀랍다고요? 사실 해운대 모래 축제에는 부산 사람들의 남모를 고민이 숨어 있어요. 날이 갈수록 해운대의 해변이 점점 좁아지고 있거든요. 지구 온난화로 바다의 수위가 조금씩 높아지면서 밀려오는 파도에 모래가 계속 쓸려 내려가고 있는 거예요. 반달 모양이던 해변은 급기야 초승달 모양으로 좁다랗게 변하고 말았지요.

모래사장의 면적이 좁아져 해운대가 볼썽사납게 변해 가자 관광객들도 해운대를 점점 찾지 않게 되었어요. 속절없이 애만 태우던 부산 사람들은 외지 사람들에게 아름다운 해운대가 잊히지 않기를 바라는 마음으로 방법을 찾아냈지요. 부산을 더욱 매력적인 여름 휴가지로 만들고, 해운대 모래 유실의 심각성을 널리 알리기 위해 모래 축제를 생각해 낸 거예요. 지난 10년 동안 부산 사람들이 열심히 노력한 덕분에 해운대 모래 축제는 매년 수많은 관광객을 부산으로 끌어들여요. 지혜로운 부산 사람들은 축제를 통해 환경보호의 중요성도 알리고 지역 경제에도 이바지하고 있지요.

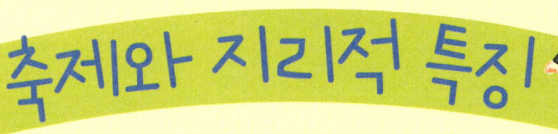

## 축제와 지리적 특징

### 부산광역시 해운대 모래 축제

**무분별한 개발과 해수면 상승의 문제점**

　해수의 침식 작용으로 인해 연안이 좁아지는 것은 비단 해운대만의 문제가 아니에요. 제주, 완도, 여수 등에서도 똑같은 문제로 고민하고 있어요. 연안이 침식돼 좁아진다는 것은 우리 영토가 점점 좁아진다는 의미니까요. 외부 관광객을 끌어들일 수 있는 해수욕장도 사라지고요. 생태계도 파괴돼요. 바닷속 어장이 황폐해지니까요.

　모래 유실에는 해수면 상승, 자연환경을 고려하지 않은 무분별한 개발 등 다양한 원인이 있어요. 바닷물의 흐름을 통제할 구조물을 설치하고, 해양 환경 변화를 계속 지켜보면서 다양한 예방책을 시행하고 있지만, 아직까지는 안타깝게도 큰 효과를 보지 못하고 있답니다.

# 7월
# 아시테지 어린이 국제 연극 축제

### 어린이 눈높이에 맞춘 재미있는 예술

축제는 아주 오래전부터 대부분 어른의 시각에서 만들어졌어요. 순수하게 어린이만을 위해 만든 축제는 매우 드물지요. 한국의 몇몇 예술가는 그런 현상에 대해 어린이들에게 미안하게 생각하고 1982년부터 어린이와 청소년들을 위한 공연 예술 축제를 만들었어요. 축제를 통

해 어린이들이 재미와 교훈이 담긴 동화 연극들을 실컷 볼 수 있게 말이에요. 1년에 두 번, 여름과 겨울에 개최되는 어린이 전문 연극 축제, '아시테지 어린이 국제 연극 축제' 이야기예요. 아시테지ASSITEJ는 프랑스어 'Association Internationale du The a tre pour I Enfance et La jeunesse'의 앞 글자를 따온 것으로 '국제아동청소년연극협회'라는 뜻이에요.

　아시테지 어린이 연극 축제는 1965년 프랑스에서 처음 시작됐어요. 프랑스가 속한 유럽은 어린이를 위한 예술 활동이 중요하다는 걸 일찌감치 깨달았거든요.

"어른들만 예술을 할 게 아니라, 어린이들이 예술을 보다 가깝게 접할 수 있도록 도와줘야 해. 그게 진정한 어른들의 역할이야!"

이후 아시테지 연극 축제는 점점 국제적으로 입소문을 탔고, 지금은 우리나라를 비롯해 많은 나라에서 열리고 있어요.

아시테지 어린이 국제 연극 축제에 소개되는 어린이 공연들은 재미도 있고, 작품성도 뛰어나요. 프랑스 말을 모르는데 프랑스 공연을 봐도 괜찮냐고요? 그럼요! 말을 몰라도 내용을 이해하는 데는 아무 문제가 없는걸요. 어린이들이 쉽게 이해할 수 있도록 친절하게 연출했기 때문이지요. 아시테지 어린이 국제 연극 축제에 가면 마술쇼, 안데르센 동화 연극, 음악극, 전통 인형극, 마임 연극 등 각국의 다양한 어린이 공연을 한자리에서 볼 수 있답니다.

벌써 20년이 훨씬 넘은 오래된 축제이지만, 사실 아직도 아시테지 어린이 국제 연극 축제를 모르는 친구들이 많아요. 어린이만을 위한 축제에 아무래도 익숙하지 않기 때문이지요. 축제를 만드는 사람들은 꾸준히 어린이를 위해 좋은 예술 축제를 만들려고 노력하고 있어요. 문화예술이 어른의 전유물이 아니라는 것을 축제를 통해 세상에 알리는 거죠. 어린이 국제 연극 축제의 진정한 목적은 다음 세대를 이어갈 어린이들이 다양한 예술을 쉽게 접할 수 있도록 기회를 제공하는 것이랍니다.

# 축제와 지리적 특징

## 서울특별시 아시테지 어린이 국제 연극 축제

### 예술 축제와 공연의 메카

아시테지 축제는 대학로에서 열려요. 대학로는 서울의 종로 5가 사거리에서 혜화동 회전건널목 사이와 그 주변을 합해서 부르는 지명이에요. 과거 이 지역에 서울대학교의 본부, 법대, 미대, 의대 등이 있었기 때문에 대학로라는 이름이 붙었어요. 서울대학교는 1975년 관악구 신림동으로 이사했지만 지금도 성균관대학교, 방송통신대학교, 각 대학의 공연예술학과들이 들어서 있지요. 대학로에는 현재 120여 개의 크고 작은 공연장과 다양한 예술 공간이 밀집돼 있어요. 전 세계적으로 대학로 같은 곳은 우리나라에만 있지요. 그 덕분에 오늘날의 대학로는 세계적인 명소랍니다.

# 7월
# 별주부 마을 어살 문화제

**별주부 이야기로 여는 축제**

충청남도 태안 별주부 마을에서는 마을 사람들이 이런 이야기를 해요.

"〈별주부전〉에 나오는 토끼의 간? 시방 우리 동네에 있지!"

이게 무슨 뚱딴지같은 이야기냐고요? 전래동화 〈별주부전〉의 실제 배경이 태안 별주부 마을이라고 주장하는 이야기지요. 무슨 근거로 태안이 〈별주부전〉의 배경이라는 거냐고 물어보면 마을 사람들은 너무나 당당하게 대답해요.

"토끼는 취나물을 제일 좋아하는데, 우리 마을이 전부 취나물 밭이여. 거기다 뒷마을 비닐하우스 근처에 가면 우물에 토끼가 자기 간을 빼서 숨겨 놓았다니까!"

〈별주부전〉에서 토끼가 서해 용왕님이 아닌 동해 용왕님을 찾아갔다는 이야기를 하면 버럭! 화를 낼지도 몰라요. 도대체 별주부 마을 사람들은 왜 〈별주부전〉의 배경이 자기 마을이라고 주장하는 걸까요?

별주부 마을이 있는 태안은 서해의 작은 반도예요. 해수욕장이 무려 32개나 돼 해양 관광지로 유명한 곳이에요. 하지만 태안 사람들은 전국 어디에나 멋진 바다가 있는 해수욕장은 많기 때문에 태안을 그저 '바닷가'로만 홍보하면 아무 매력이 없다고 생각했어요. 그래서 〈별주부전〉이라는 재미있는 이야기를 마을에 끌어왔어요. 특별한 어촌처럼 보이도록 말이에요. 그래서 지금 별주부 마을에 가면 거북이 등을 타고 바다로 향하는 토끼 인형, 토끼가 간을 숨겼다는 우물, 토끼가 좋아하는 취나물 밭까지 모두 구경할 수 있어요. 별주부 마을의 동화 같은 풍경을 보면 관광객들도 기꺼이 속아 주지요.

별주부 마을에서는 매년 여름 〈별주부전〉을 배경으로 용왕제를 치러요. 겉보기에는 별주부 마을 사람들의 건강과 풍어를 기원하기 위해 드리는 제사지만 속을 들여다보면 '고기잡이'부터 '토끼와 거북이 만나기'까지 온갖 토끼 체험으로 가득하지요. 재미있는 〈별주부전〉 이야기로 전혀 색다른 축제를 보여 주는 태안 별주부 마을 어살 문화제를 즐기며 '또 어떤 이야기가 축제로 변할 수 있을까?' 생각해 봐요.

# 축제와 지리적 특징

### 충청남도 태안 별주부 마을 어살 문화제

**조수간만의 차를 이용한 낚시**

　별주부 마을 어살 문화제에서는 독살 체험이 가장 인기 있어요. 독살은 바닷속에 동그랗게 돌담을 쌓고, 그 안에 갇힌 물고기를 잡는 원시 어로 방법이지요. 밀물 때 바닷물과 함께 연안으로 들어 온 물고기들이 썰물 때 돌담에 갇혀 미처 빠져나가지 못하는 현상을 활용한 거예요. 독살 문화는 현재 서해와 남해 일부에서만 발견돼요. 특히 태안과 서산에서 주로 발견되지요. 태안과 서산이 있는 서해는 해안이 굴곡지고, 지형이 완만해 조수간만의 차를 활용하기 매우 적합하거든요. 반면 수심이 깊고 경사가 급한 동해는 지형적으로 조수간만의 차를 활용하기 어려워요.

# 7월
# 품앗이 축제

### 나누는 예술

요즘 농촌 체험이 유행이에요. 여기저기에서 옥수수 따기, 감자 캐기, 고구마 캐기, 새끼줄 꼬기 등 시골에서 농부들이 하는 일을 조금씩 경험해 보는 축제 프로그램을 운영하고 있지요. 그런데 누군가 이런 생각을 했어요.

"왜 농촌에서는 농사만 지어야 하지? 농촌의 어린이들은 공연장이 없어 예술 공연 같은 건 접할 수 없잖아! 이건 너무 불공평해!"

그 사람은 경기도 화성의 농촌 마을에 땅을 구입하고, 그 위에 예쁜 집을 짓기 시작했어요. 그러고는 농촌 어린이들이 매일매일 찾아와 공연도 즐기고, 직접 연기도 해 볼 수 있게 연극 마을을 만들었지요. 매년 여름이면 도시, 농촌 할 것 없이 어린이들이 함께 모여 잠도 자고, 과일도 따고, 예술 공연도 즐길 수 있게요. 그러면서 이곳에는 자연스럽게 어린이 연극 축제가 생겼어요.

축제 기간에 이곳을 찾아가면 잔디가 깔린 안마당에서 피에로 아저씨와 당나귀 친구들이 옥수수 밭을 배경으로 펼치는 동화 같은 연극을 볼 수 있어요. 집 주변이 온통 밭과 숲이라 잔디에 콸콸 물을 뿌리는 퍼포먼스 공연을 보다 보면 폴짝폴짝 개구리가 앞을 지나가기도 하지요. 농촌에서만 볼 수 있는 시골 축제의 묘미랄까요?

경기도 화성의 민들레 연극 마을 이야기예요. 민들레 연극 마을에서는 매년 '품앗이 축제'라는 이름의 어린이 연극 축제가 열리지요. 마을과 축제를 만든 송인현 아저씨는 민들레 연극 마을을 찾아오는 어린이들에게 이렇게 말해요.

"요즘 어린이들은 우리 고유의 품앗이 정신을 잘 모르는 것 같아서 축제 이름을 '품앗이 축제'로 지었어요. 우리는 예술을 보여 줄 테니 대신 어린이 여러분은 착한 일을 하세요. 아니면 용돈을 모아서 표를 사야 합니다."

품앗이는 서로 돕고 나누는 우리 고유의 농촌 풍습이에요. '품앗이 축제'라는 이름은 예술가들이 농촌에서 공연을 보여 주는 대신 어린이들도 착한 일을 하거나 봉사를 해서 그만큼 서로 나누자는 취지로 붙였지요.

민들레 연극 마을의 품앗이 축제는 점점 입소문을 타고 있어요. 품앗이 축제에서 어린이들에게 공연을 선보이겠다는 예술가도 점점 늘어나고 있지요. 축제 기간 동안 어린이들이 먹을 음식을 직접 준비하는 마을 사람들도 있어요. 자원봉사를 하겠다며 찾아오는 부모님도 계시지요. 어린이들을 위해 좀 더 많은 농촌 연극 축제를 만들어 달라며 이름도 밝히지 않고 기부하는 사람도 점점 늘고 있대요. 무엇이든 나누는 품앗이 정신으로 축제에 참여해 보는 것은 어떨까요?

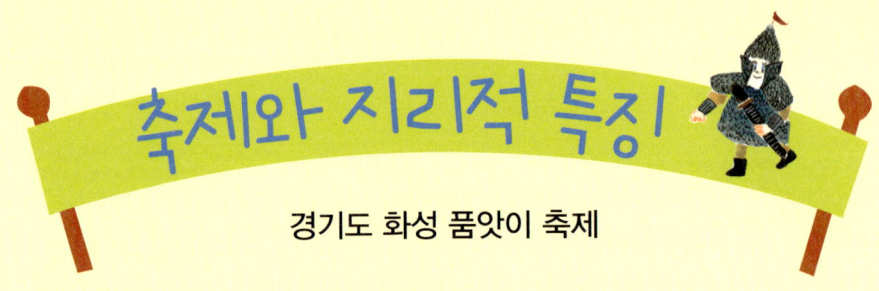

### 경기도 화성 품앗이 축제

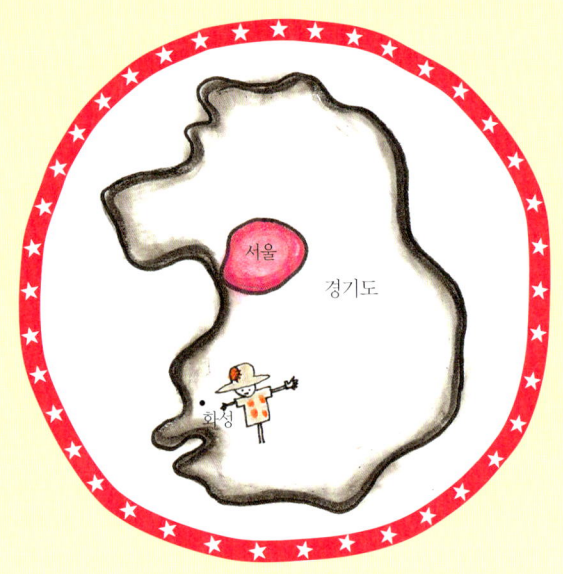

**항구 없이 어업과 농업이 발달**

 서울의 바로 아래쪽인 경기도 화성은 서해와 맞닿은 지역이에요. 해안선이 길게 펼쳐져 있고, 조수간만의 차가 심하지요. 하지만 배가 들어오고 나가기에는 바다가 너무 얕아 항구는 발달하지 못했어요. 이곳의 해안은 주로 해수욕장이나 염전으로 활용되고 있답니다.
 화성의 북쪽과 동쪽은 침식과 풍화로 비교적 경사가 완만한 구릉성 산지이고 남쪽과 서쪽은 낮은 평야 지대예요. 품앗이 축제가 열리는 민들레 연극 마을(우정읍)은 해안가에 치우친 평야 지대에 있어요. 주로 농업이 발달했지요.

# 8월
# 울릉도 오징어 축제

### 한밤중 대낮처럼 환한 바다에서 펼쳐지는 오징어 몰이

경상북도 울릉도는 우리나라에서 오징어가 가장 많이 잡히는 지역이에요. 그래서 매년 오징어 축제를 열지요. 축제는 울릉도의 저동항 근처에서 열리는데, 행사 프로그램 중 가장 멋진 것은 한밤중의 오징어잡이예요.

오징어는 빛을 좋아하는 동물이에요. 오징어잡이 배는 한밤중에 바다로 나가 눈을 뜰 수 없을 정도로 엄청나게 밝은 빛을 바닷속으로 비추지요. 빛을 보고 오징어들이 모여들면 잡는 거예요. 울릉도의 모든 오징어잡이 배가 한꺼번에 바다로 나가 동시에 불을 밝히면 바다 위에 아름다운 빛의 성이 만들어지지요.

축제 기간에는 냉동 오징어 분리하기 대회도 해요. 냉동 오징어 분리하기 대회가 뭐냐고요? 나무 궤짝 안에 가지런히 줄 지어 얼어 있는 오징어를 누가 가장 빨리 떼어 내는지 시합하는 거예요. 어떤 사람은 주먹으로 오징어를 때리고, 어떤 사람은 체온으로 오징어를 녹이겠다며 웃통을 벗고 오징어를 껴안지요. 힘센 사람은 오징어를 높은 곳으로 가지고 올라가 떨어트려서 분리하기도 해요.

  이 밖에 눈에 띄는 행사로는 오징어 요리 대회가 있어요. 오징어로는 시원한 국도 끓일 수 있고, 몸통에 양념을 넣어 통오징어 순대도 만들어 먹을 수 있지요. 말려서 먹기도 하고, 회를 쳐서 먹기도 해요. 오징어로 할 수 있는 다양한 요리를 구경하다 보면 오징어가 우리나라 사람들이 가장 많이 먹는 수산물이라는 사실을 실감할 수 있답니다.

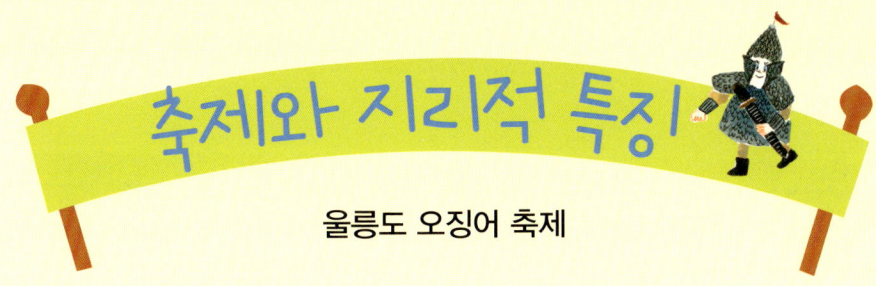

## 축제와 지리적 특징

### 울릉도 오징어 축제

**조경수역의 마술**

　따뜻한 물과 차가운 물이 만나는 지점을 조경수역이라고 해요. 여름이 오면 동해에는 조경수역이 넓게 분포되지요. 따뜻한 물이 차가운 물과 만나 이동하면서 오징어의 먹이인 플랑크톤도 함께 순환해요. 오징어에게는 그야말로 먹거리 천국이 되는 거예요. 오징어들은 조경수역의 이동에 따라 겨울은 남해에서, 여름은 동해에서 나요. 그래서 동해에 있는 울릉도에서 오징어가 유난히 많이 잡히는 거예요. 반면 서해에는 차가운 물이 흘러들지 않아 조경수역이 나타나지 않는답니다.

# 8월
# 이호 테우 축제

### 축제로 되살린 제주 고유의 어로 문화

제주 공항 인근에는 '이호'라는 작은 어촌 마을이 있어요. 이호 마을 사람들은 아주 오래전부터 '테우'라는 이름의 작고 특이한 배를 타고 물고기를 잡았지요. '테우'는 여러 개의 통나무를 엮어서 만든 배를 의미해요.

테우는 유독 파도가 거친 제주 바다에서 고기 잡기에 적합하도록 매우 과학적으로 고안된 배예요. 거친 파도에도 뒤집힐 염려가 없지요. 얕은 바다에서 고기를 잡기에는 최고예요. 제대로 배울 기회도 없던 어부들이 스스로 지혜를 짜내 이토록 실용적인 고기잡이 뗏목을 만들었다니 믿기지 않을 정도지요.

테우가 만들어진 다음부터 이호 마을 사람들은 매일매일 앞바다에 나가 손쉽게 고기를 잡을 수 있게 됐어요. 자리돔, 멸치처럼 떼 지어 다니는 물고기도 실컷 잡을 수 있게 되었죠. 물고기뿐만 아니라 미역과

해초를 따기도 쉬워졌어요.

 사라져 가는 제주 고유의 어로 문화를 복원하기 위해 이호 마을에서는 2004년부터 매년 8월 '테우'를 주인공으로 한 이호 테우 축제를 열어요. 이것저것 자잘한 프로그램은 없지만 테우와 고기잡이만으로 축제는 충분히 즐거워요. 축제가 아니면 사실 테우를 타고 가까운 바다로 직접 나가 고기를 잡아 보는 경험을 하기는 어려울 거예요. 첨단 시설로 중무장한 대형 어선들이 즐비한 요즘 같은 때 이런 옛날 방식의 고기잡이는 찾아볼 수 없으니까요.

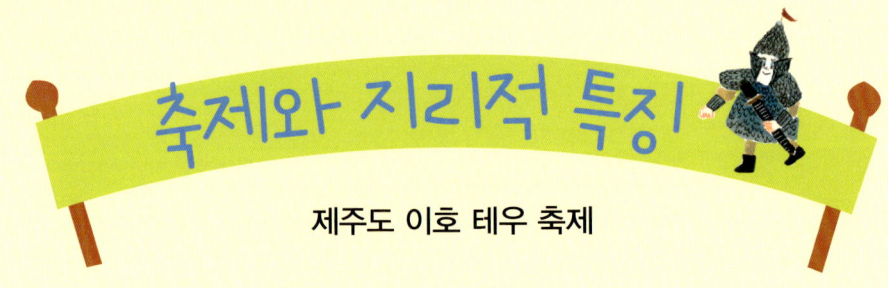

## 제주도 이호 테우 축제

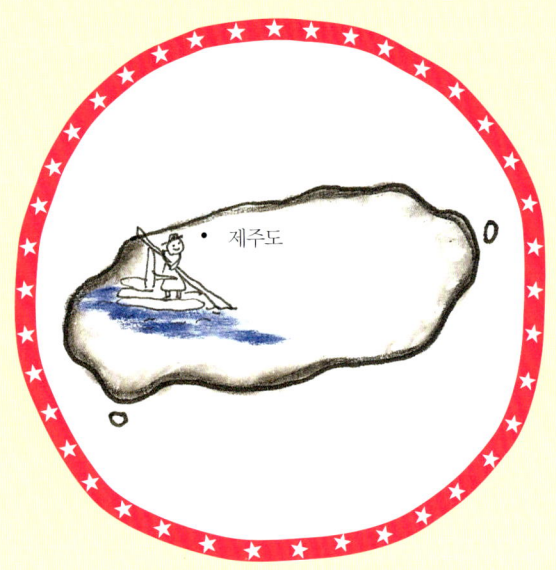

**검은 모래로 가득한 해변**

　이호 테우 해변은 황금빛 모래가 아닌 검은 모래로 가득해요. 제주가 화산섬이기 때문이지요. 화산 활동으로 생긴 현무암이 오랜 풍화 작용으로 잘게 부서지고 이호 테우 해변에 층층이 쌓여 모래도 검은색이 된 거예요.

## 8월
# 아우라지 뗏목 축제

### 강원도와 서울을 잇던 뗏목

고려가 망하고 조선이 세워질 무렵 조선 왕조는 엄청나게 많은 목재가 필요했어요. 수도를 옮기면서 한양(지금의 서울)에 집과 궁궐, 성곽을 엄청 많이 지어야 했으니까요. 강원도는 그때 이미 맑은 물과 공기, 높은 산 덕분에 질 좋은 목재가 생산되기로 유명했어요. 특히 정선의 목재는 굵고 견고해서 최상품으로 취급됐지요. 조선 왕조는 강원도 정선에서 목재를 가져 오기로 했어요. 문제는 정선의 목재들을 한양까지 옮기는 방법이었어요. 사람들은 고민하다 뗏목을 이용하기로 했지요. 사람들은 강원도 송천과 골지천이 정선에서 만나 한데 어우러지는 아우라지 강에 뗏목을 띄워 한양까지 목재를 띄웠어요. 아우라지 강은 목재뿐 아니라 당시 강원 지역의 모든 특산품을 한양으로 옮기던 가장 중요한 통로였지요.

아우라지 강에 얽힌 노래도 있어요. 아우라지 나루를 사이에 두고 마주보는 두 마을, 여량리와 유천리의 처녀와 총각이 서로 사랑을 했대요. 여량리 처녀는 날마다 동백을 딴다는 핑계를 대고 유천리로 건너가 총각을 만났지요. 그러던 중 여름 장마로 홍수가 져 강을 건널 수 없게 되자 총각을 만날 수 없게 된 처녀가 이를 원망하여 부른 노래가 바로 〈정선 아리랑〉이에요.

아우라지 강을 유유히 떠다니던 뗏목은 과연 어떤 모습이었을까요? 궁금하지 않나요? 그렇다면 아우라지 뗏목 축제에 가서 직접 노를 저어 봐요. 조선 시대의 긴 뗏목을 그대로 재현한 배를 타 보면 조선 시대 강원도의 뱃사공이 된 기분도 느낄 수 있을 거예요.

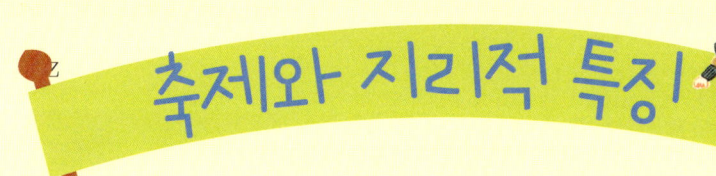

# 축제와 지리적 특징

### 강원도 정선 아우라지 뗏목 축제

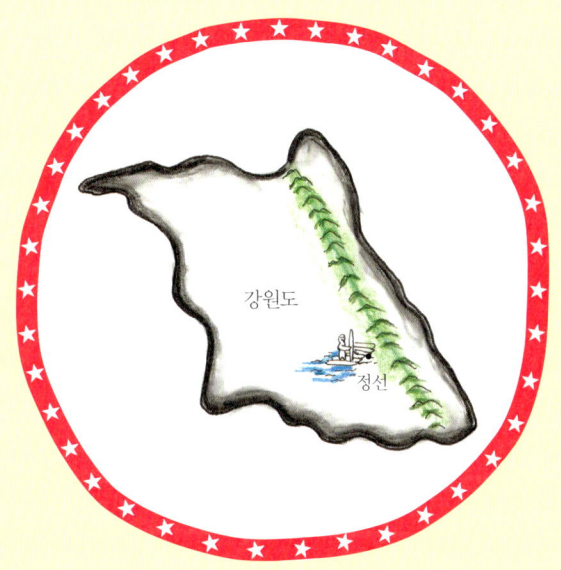

### 수로의 정거장, 아우라지

조선 시대의 가장 빠른 교통수단은 말이었어요. 하지만 말은 비싸고 귀한 동물이라 아무나 탈 수 없었죠. 백성들은 보통 걸어서 도시와 도시 사이를 오갔어요. 그렇기 때문에 조세를 한양으로 옮기는 데 물길 따라 물자를 운반하는 수로가 아주 중요한 역할을 했지요. 지방에서 현물로 거둬들인 조세를 강을 따라 왕이 있는 한양까지 옮기는 것을 조운이라고 하는데, 아우라지 강은 강원도 조운 수로의 대표 정거장이었어요. 하지만 현재는 곳곳에 댐이 만들어져 수로를 통한 물자 수송은 불가능하답니다.

# 9월
# 평창 효석 문화제

**소설 속으로 풍덩!**

예전에는 장돌뱅이라는 직업이 있었어요. 장돌뱅이는 시골장터를 돌아다니며 물건을 파는 사람이에요. 허생원도 그런 장돌뱅이었어요. 당나귀를 끌고 이 장터 저 장터 기웃거렸지요. 여느 장돌뱅이들과 다른 점이 있다면 오래전 봉평의 메밀 꽃밭에서 만난 여인과의 사랑을 잊지 못한다는 것이었어요. 오랜 시간이 흐른 뒤, 허생원은 봉평장에 다시 들렀다가 동이라는 젊은 장돌뱅이를 만나요. 동이는 장난스럽지만 왠지 정이 가는 친구였어요. 그런데 알고 보니 동이가 허생원이 사랑한 여인의 아들이지 뭐예요. 설마 동이가 허생원의 아들인 걸까요?

이게 무슨 얘기냐고요? 소설 〈메밀꽃 필 무렵〉의 줄거리랍니다. 이야기도 재미있고, 봉평과 시골 장터를 마치 그림인 듯 생생하게 묘사한 뛰어난 작품이지요. 소설의 배경인 강원도 평창의 봉평 마을에 실제로 찾아가 보면 소설 속 메밀꽃 마을이 그대로 펼쳐져요.

봉평 마을은 〈메밀꽃 필 무렵〉의 작가인 이효석 선생님이 태어나신 고장이기도 해요. 소설 〈메밀꽃 필 무렵〉 덕분에 봉평 마을이 유명해지고 관광객이 물밀 듯 밀려들자 봉평 사람들은 1999년부터 아예 가을 메밀꽃 축제를 만들었어요. 매년 봉평의 아름다운 풍경을 많은 사람에게 선보일 수 있도록요.

축제가 시작되면 사람들은 드넓은 메밀밭을 거닐며 하염없이 감상에 빠져들어요. 끝없이 펼쳐진 메밀꽃밭에서 서로 손을 잡은 채 사진도 찍고, 노래도 부르지요. 메밀로 만든 맛있는 간식도 먹어요. 한밤중 메밀꽃 언덕에서 펼쳐지는 영화 관람은 그야말로 인기 최고예요.

우리나라에 평창 효석 문화제처럼 문학을 소재로 한 축제는 그리 많지 않아요. 문학 축제는 축제를 통해 우수한 문학 작품을 한 번 더 감상하게 하고, 소설 속 배경 도시를 관광 도시로 탈바꿈시키는 1석 2조의 효과가 있는데 말이에요. 훌륭한 문학 작품은 이미 잘 알려져 있으니 따로 홍보할 필요도 없지요. 봉평 마을처럼 소설 속 배경 도시로 축제를 열 만한 곳이 또 어디 있을까요? 한번 생각해 봐요.

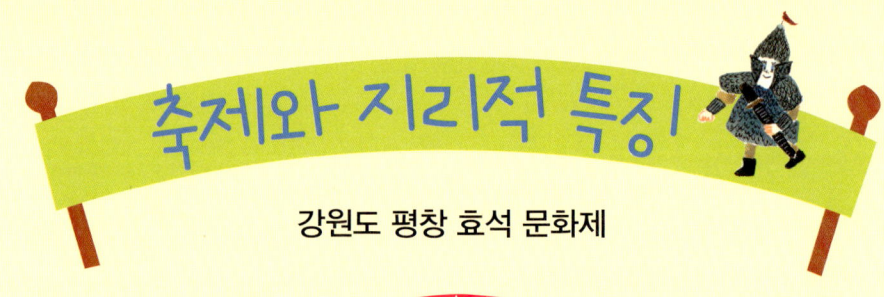

## 강원도 평창 효석 문화제

**고랭지농업에서 관광업으로**

　평창은 일교차가 심한 데다가 강원도의 다른 지역보다 겨울이 춥고 여름이 짧은 게 특징이에요. 그래서 농사도 환경에 민감하지 않고 추운 곳에서도 잘 자라는 감자와 메밀, 옥수수 등 고랭지농업이 주를 이뤘어요. 하지만 한국 기후가 점점 아열대성으로 바뀌면서 고랭지농업에 위기가 찾아와 현재는 생업을 고랭지농업에서 관광 서비스업으로 변화시키는 중이지요.

　평창은 산이 많고, 겨울에 눈이 많이 내리는 지역이라 겨울 스포츠를 즐기기 좋아요. 때마침 겨울 스포츠가 인기를 끌면서 요즘은 평창을 찾는 외지인들이 늘어나고 있어요. 2018년에는 동계 올림픽도 개최될 예정이랍니다.

# 9월
# 민둥산 억새꽃 축제

### 산꼭대기의 아름다운 억새밭

옛날 옛날에, 몸에서 밝은 빛을 뿜는 날개 달린 말 한 마리가 주인을 찾겠다며 하늘에서 내려왔어요. 말은 강원도 정선의 산 주변을 보름이나 날아다녔는데, 아쉽게도 제 주인을 찾지 못하고 하늘로 돌아가 버렸지요. 그런데 날개 달린 말이 돌아간 뒤 이상한 일이 벌어졌어요. 말이 날아다니던 산에서 더 이상 나무와 풀이 자라지 못하는 거예요.

산은 하루가 다르게 황량하게 변했어요. 그러던 어느 날, 헐벗은 산에 나무는 완전히 사라지고 갈색 참억새만 무수히 자라나기 시작했어요. 마치 무성한 말의 갈기처럼 말이에요. 그때부터 사람들은 이곳을 두고 민둥산이라고 부르기 시작했답니다. 나무가 하나도 없다는 뜻으로요. 대신 민둥산은 매년 10월 중순이 되면 황금색 말갈기처럼 무성한 억새밭으로 인해 멋지게 변했어요.

민둥산 억새꽃 축제에 가려면 두 시간 정도 산을 올라가야 해요. 억새꽃밭이 산의 중간부터 정상 부근까지 펼쳐져 있거든요. 하지만 너무 긴장할 필요는 없어요. 잘 정돈된 산속 오솔길을 따라 천천히 걸어가면 되니까요.

억새꽃밭을 마주하고 자연의 아름다움을 만끽하다 보면 잘 보존해야겠다는 생각이 절로 들어요. 입소문이 나면서 요즘은 민둥산 억새꽃 축제를 찾아오는 사람이 엄청나게 늘었대요. 방문객들이 아름다운 억새밭을 모조리 밟아버리지 못하도록 억새밭 한가운데 아예 오솔길도 만들어 놨지요. 민둥산 억새꽃 축제는 아름다운 정선의 억새 군락지(식물이 떼를 지어 자라는 지역)를 알리고 보호하기 위해 만든 축제니까요.

# 축제와 지리적 특징

## 강원도 정선 민둥산 억새꽃 축제

### 추위에 강하고 정화 능력 뛰어난 억새

억새는 줄기가 억세고 질기다고 해서 '억새'라는 이름을 얻었어요. 추위에 강해 겨울에도 죽지 않지요. 여름이 되면 뿌리에서 많은 줄기와 잎을 틔워요. 환경에 민감하지 않고 아무 데서나 잘 자라기 때문에 곳곳에서 어렵지 않게 볼 수 있지만, 특히 서늘하고 통풍이 잘되는 산 위나 강 주변에 많아요.

하얀 솜털을 단 억새의 씨앗은 바람에 날아가 싹을 틔워요. 한꺼번에 많은 씨앗을 얻기 때문에 흙이 좋고 바람이 많이 부는 곳에서는 쉽게 군락지를 형성하지요. 억새 군락지는 오염 물질을 흡수해 물을 깨끗하게 만드는 자연 정화기예요.

# 9월 함양 물레방아 축제

### 백성을 걱정하는 조선 정치인의 선물

지금으로부터 약 250년 전 조선 후기에 연암 박지원이 함양 현감으로 부임했어요. 박지원은 청나라의 문물을 받아들여 조선의 경제와 문화에 적극 활용해야 한다고 강력히 주장하던 학자예요. 1780년에 사신으로 청나라를 다녀온 뒤, 청나라의 사상과 문물을 소개하며 《열하일기》라는 책도 지었지요. 《열하일기》에는 청나라에서 처음 본 물레방아 만드는 과정도 상세히 기록돼 있어요. 물레방아는 냇가에 물길을 만들고, 물이 아래로 떨어지는 힘을 이용해 곡식을 찧는 나무 구조물이에요. 방앗간에서 떡 찧는 기계와 비슷하지요.

"방앗간이 부족하니 가난한 농부들이 더욱 힘겹구나. 서둘러 물레방아를 만들어 농부들에게 도움이 되도록 해야겠어!"

박지원은 함양에서 가난하고 고된 농부들의 생활과 마주하고, 우리나라 최초로 물레방아를 만들었어요. 당시 박지원에 의해 만들어진 물레방아는 지금도 함양 곳곳에 남아 있어요. 박지원의 업적과 물레방아의 아름다운 모습은 아직까지도 많은 관광객이 함양을 찾아오게 하지요. 백성을 돕기 위해 조선 시대 정치인이 만든 물레방아가 오늘날에는 관광객을 모으는 볼거리가 된 거예요.

이 밖에도 박지원은 백성들을 위해 좋은 일을 아주 많이 했어요. 함양 사람들은 박지원에 대한 고마움을 기리고, 물레방아 특유의 아름다운 정취에 흠뻑 빠지기 위해 1년에 한 번씩 큰 잔치를 열지요. 이것이 바로 매년 9월에 열리는 함양 물레방아 축제랍니다. 축제에 가서 아름다운 물레방아도 구경하고, 백성들의 고된 삶을 걱정한 조선 시대 정치인 박지원의 마음도 느껴 봐요.

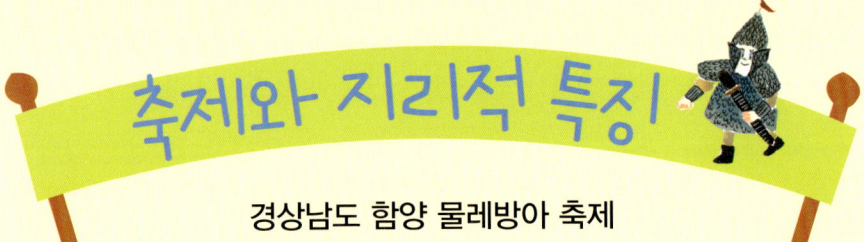

# 축제와 지리적 특징

### 경상남도 함양 물레방아 축제

**경상도와 전라도의 경계**

함양은 지리산과 덕유산의 자락에 걸쳐 있어 볕이 좋아요. 병풍처럼 펼쳐진 사방의 산에서 맑고 풍부한 물이 내려오고, 평지도 넓어 농사짓기에 최적의 조건을 갖추었다고 할 수 있죠. 산과 계곡, 평야가 고루 발달한 셈이에요. 함양은 경치가 좋아 선비문화도 발달했어요. 평민들이 농사를 짓는 동안, 양반들은 서원과 향교에서 시를 읊거나 아름다운 계곡에 정자를 짓고 풍류를 즐겼지요. 지금도 함양에는 물레방아와 함께 선비들을 위한 정자가 많아요.

# 10월
# 진주 남강 유등 축제

### 왜군을 물리친 등불

1592년 일본이 우리나라를 침략해 임진왜란이 일어났어요. 당시 3개의 전투가 가장 치열했는데 한산도대첩, 행주대첩, 나머지 하나가 바로 진주대첩이었지요. 진주대첩을 승리로 이끈 사람은 기골이 장대하고 용맹하기로 유명하던 김시민 장군이었어요. 김시민 장군은 고작 3,800명의 군사로 무려 2만 명의 군사를 거느린 왜군을 물리쳤어요.

김시민 장군은 전쟁에서 이기기 위해 온갖 지혜를 짜냈어요. 먼저 노약자와 아녀자들에게 남장을 시키고 군복을 입혀서 팔을 휘휘 저으며 성 안 이곳저곳을 힘차게 뛰어다니게 했어요. 멀리서 지켜보던 왜군들은 군사가 별로 없는 줄 알았는데, 엄청나게 많은 군사가 펄쩍펄쩍 뛰어다녀 깜짝 놀랐지요. 이어 김시민 장군은 진주 시내를 관통하는 남강에 엄청나게 많은 횃불과 등불을 띄워 왜군이 남강을 건너오지 못하게 만들었어요. 결국 김시민 장군과 진주 사람들은 왜군을 전부 무찌르고

진주성을 안전하게 지킬 수 있었어요.

　남강에는 임진왜란에 얽힌 이야기가 또 하나 전해 내려와요. 왜군 우두머리를 끌어안고 강물로 뛰어들었던 논개의 이야기이지요. 논개는 조선 시대의 기생으로, 왜군 우두머리가 곁에 앉자 두 팔로 우두머리의 목을 꼭 껴안고 그대로 남강에 뛰어들었대요.

　지금도 남강에 가면 김시민 장군과 논개 등 임진왜란 당시의 다양한 역사 흔적을 찾아볼 수 있어요. 매년 10월 초순경에는 보름 동안 나라를 위해 싸우다 돌아가신 선조들의 넋을 기리기 위해 남강 위에 유등을 띄우고 불꽃놀이를 하지요. 유등이 뭐냐고요? 유등은 물 위에 떠다니는 등불이에요.

　강 위에 수천 개의 등불이 동시에 떠 있다면 어떤 느낌일까요? 완전히 딴 세상에 온 느낌이겠지요? 하지만 진주 남강 유등 축제는 멋지기만 한 축제가 아니에요. 진주가 지닌 전쟁의 아픔을 달래는 축제지요. 진주 사람들이 아직까지도 매년 축제를 여는 이유도 전쟁으로부터 나라를 지킨 조상들의 넋을 기리고 선조들에게 고마움을 전하기 위해서니까요.

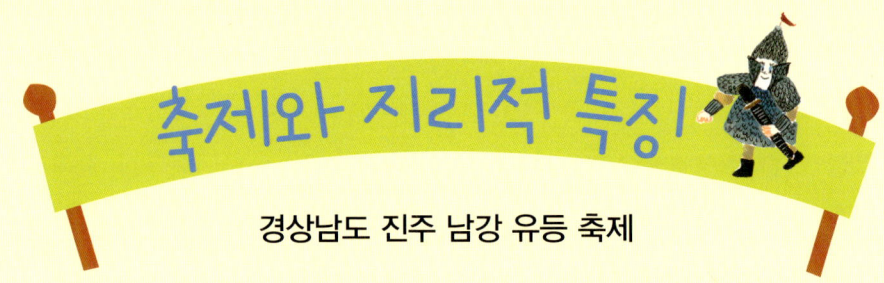

## 축제와 지리적 특징

**경상남도 진주 남강 유등 축제**

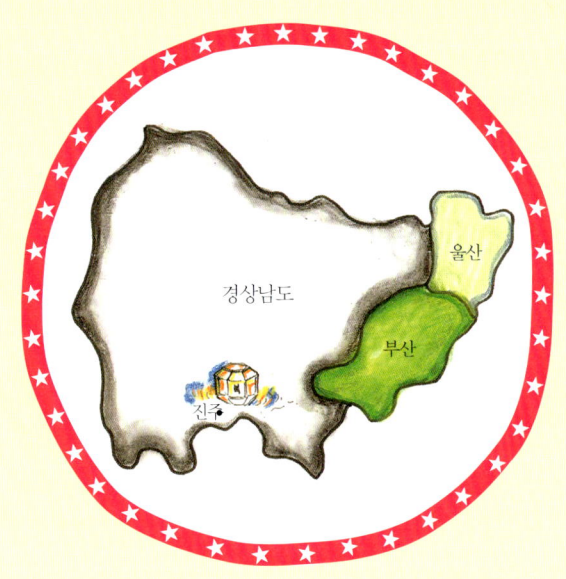

### 조선으로 들어오는 길목

진주 남강은 역사적으로 매우 중요한 곳이었어요. 남해와 연결된 강 중에서 가장 내륙 깊숙이 자리 잡고 있어 바다와 육지 사이의 이동이 원활했거든요. 특히 조선 시대 남해를 지키던 우리 병사의 군량을 책임지고 보급하던 곳이었지요. 조선 시대에는 왜군이 수시로 침략했기 때문에 남해의 수비가 매우 중요했어요. 진주성은 한마디로 '조선으로 들어오는 길목'이었지요.

# 10월
# 양양 연어 축제

### 고향으로 돌아오는 연어

강에 사는 물고기는 민물고기, 바다에서 사는 물고기는 바닷물고기라고 해요. 그런데 강에서 태어나 머나먼 바다로 나갔다가 알을 낳을 시기가 되면 자기가 태어난 강으로 돌아오는 물고기가 있어요. 바로 연어예요.

연어는 깊고 넓은 태평양에서 다 클 때까지 3년에서 5년 정도 살아요. 그러고는 새끼를 낳을 때가 되면 강의 상류까지 되돌아오지요. 바다와 환경도 너무 다르고, 바다에서 엄청 커 버린 탓에 바닥도 많이 얕아 정말 힘들 텐데 말이에요. 그래서인지 새끼를 낳은 연어는 그 자리에서 죽고 말아요. 아기 연어는 엄마처럼 바다로 나가 자유롭게 살다가 때가 되면 강으로 되돌아오지요.

연어의 삶은 '수구초심首丘初心'이라는 사자성어를 떠올리게 해요. 수구초심은 여우가 죽을 때 자신이 태어난 곳을 향해서 머리를 둔다는 뜻으로, 항상 근본을 잊어서는 안 됨을 이르는 말이에요. 아마 지구상에서 연어처럼 평생 수구초심을 잃지 않는 생명체도 없을 거예요.

사실 연어는 깨끗한 환경에서만 살 수 있어요. 우리나라에는 물이 맑고 깨끗한 강원도 양양에서만 볼 수 있지요. 양양 사람들에게 다 큰 연어가 돌아온다는 것은 정말 기쁘고 영광스러운 일이에요. 양양 사람들은 더 많은 연어가 고향으로 돌아와 알을 잘 낳을 수 있도록 깨끗한 자연 환경을 유지하기 위해 항상 노력하지요.

연어 축제는 양양 사람들의 이 같은 마음을 담은 행사예요. 축제를 통해 양양의 자연이 얼마나 깨끗한지 알리고, 매년 찾아와 주는 연어에게도 감사 인사를 하는 거예요. 매년 10월, 연어가 찾아오는 시점이 곧 축제가 열리는 날이랍니다. 양양 사람들에 의하면 축제 기간에는 하루에 무려 2천 마리도 넘는 연어가 때로 올라오기도 한대요. 하지만 양양 연어 축제는 요란하게 홍보하지 않아요. 연어가 찾아오는 유일한 청정 지역으로서, 환경보호를 위해 오히려 방문객 수를 제한하고 있지요. 그것이 진정한 연어 사랑이라고 판단한 거겠죠?

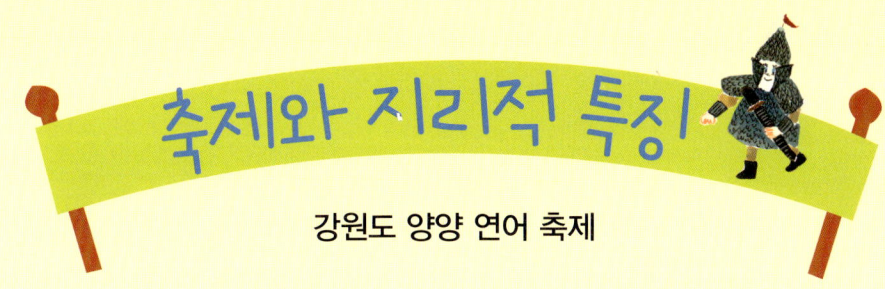

## 축제와 지리적 특징

**강원도 양양 연어 축제**

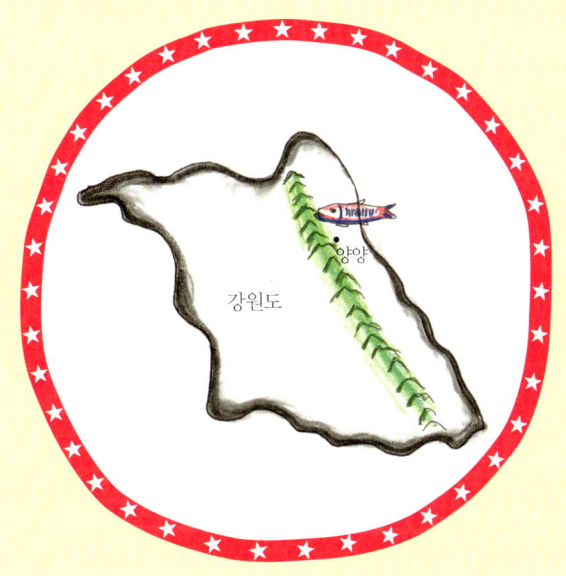

### 강과 바다가 만나는 양양

양양 남문리의 남대천은 강원도의 강 중에서 가장 커요. 오대산 자락에서 시작해 동해로 흐르는 맑고 깨끗한 청정수지요. 태백산맥의 오른쪽에 위치하고 있는데, 계곡에서 바다까지의 거리가 멀지 않은 것이 특징이에요. 강과 바다를 동시에 끼고 있는 독특한 지리적 이점 때문에 양양은 '연어의 고장'으로 떠오르게 되었어요. 연어는 바다에서 자라 강으로 찾아오니까요.

# 10월
# 천수만 철새 축제

**세상에서 가장 조용한 축제**

철새는 이름처럼 철에 따라 번식지와 월동지, 그러니까 겨울을 보낼 장소를 찾아 이동하는 새예요. 우리나라에서 여름을 나는 제비, 두견새 등을 여름 철새라고 하지요. 오리나 붉은배지빠귀 등 겨울을 나는 새는 겨울 철새라고 해요. 겨울 철새들은 보통 시베리아처럼 추운 지역에 사는데, 본격적인 겨울이 오기 전에 좀 더 따뜻하고 먹이가 풍부한 우리나라로 이동해요. 이 시기가 되면 평소 볼 수 없던 수백만 마리의 철새가 서산의 천수만 늪지대를 완전히 뒤덮어 버린답니다. 올해는 무슨 새가 찾아왔나 살펴보는 일은 천수만 철새 축제의 가장 큰 즐거움이지요.

"철새 축제를 열면 편히 쉬어야 하는 철새들이 스트레스를 받지 않을까요?"

혹시 이런 걱정이 든다면 걱정하지 않아도 돼요. 철새 축제는 떠들썩하게 웃고 떠드는 축제들과 완전히 다르니까요. 축제 기간에도 철새들

이 천수만에서 편히 쉬고, 먹이를 먹을 수 있도록 안락한 환경을 만들지요. 관광객들에게 미리 약속도 받아요. 철새에게 큰 소리를 내거나, 먹이를 던지지 않겠다는 약속이요. 철새 축제에서는 철새에게 지나치게 가까이 가서도 안 돼요. 철새가 스트레스 받지 않도록 몸을 숨겨야 할 때도 있죠. 숨소리조차 낼 수 없는, 그야말로 세상에서 가장 조용한 축제인 셈이에요.

우리가 철새들을 불편하고, 피곤하게 만들면 다음 해부터 철새들이 우리나라를 찾지 않을지도 모르거든요. 천수만 철새 축제는 축제를 통해 우리가 철새를 어떻게 배려해야 하는지 알려 주는 독특한 축제랍니다.

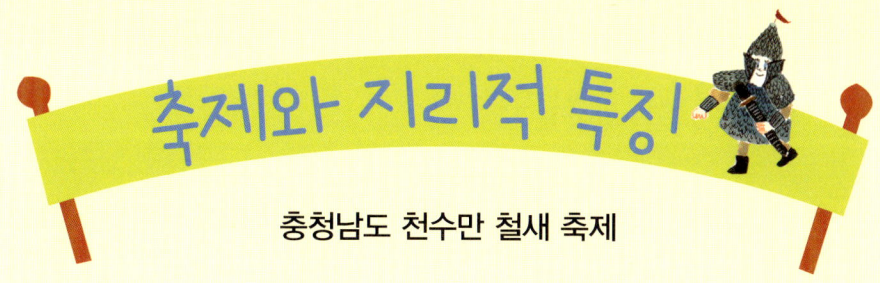

### 충청남도 천수만 철새 축제

#### 철새들의 지상 낙원

　천수만은 철새들의 천국이에요. 매년 30만 마리 이상의 겨울 철새들이 천수만을 찾아요. 노랑부리저어새, 재두루미, 황새 등 멸종 위기의 새들도 찾아와요. 천수만이 철새들의 사랑을 받는 것은 독특한 지리 조건 때문이에요. 겨울이 오면 철새들은 북부 시베리아에서 따뜻한 동남아시아로 긴 여행을 떠나는데, 천수만이 정확히 철새 이동 경로의 중간에 위치하고 있거든요. 주변에 철새들의 먹이인 벼농사를 짓는 곳이 많아 겨울에도 먹거리가 풍부하지요. 서산 방조제가 들어서면서 거대한 인공 담수호가 만들어지고 드넓은 습지대가 발달한 것도 철새들의 발걸음을 천수만에 잡아 두는 요소 중 하나랍니다.

# 11월
# 순천만 갈대 축제

### 축제로 알리는 습지의 중요성

습지는 강이나 연못, 늪 등으로 둘러싸여 습기가 많은 땅이에요. 질 퍽질퍽해서 발이 푹푹 빠져요. 걸어갈 수 없지만, 물고기가 살기에는 참 좋은 곳이지요. 미생물이 살기도 좋아요. 지구상에서 가장 다양한 생명체를 길러내기 때문에 절대로 없어서는 안 되는 정말 중요한 장소예요. 비가 많이 오면 스폰지처럼 물을 빨아들여 홍수를 막아 주기도 하지요. 극심한 가뭄이 와도 절대 마르지 않고 가장 마지막까지 물기가 남아 있어 물새와 동식물들이 살아갈 수 있도록 도와주죠. 그 밖에도 습지가 인간과 자연에게 베푸는 도움은 끝도 없답니다.

"습지는 지구상에 없어서는 안 될 보물이오. 그러니 전 세계의 중요한 습지들을 살립시다."

1971년에 각 나라의 습지 박사님들은 한자리에 모여 회의를 하고, 습지 보호 협약도 맺었어요. 이 협약을 '람사르 협약'이라고 해요. 람사르

가 뭐냐고요? 람사르는 이란에 있는 습지의 이름이에요. 박사님들이 처음으로 만나 습지를 지키자고 결의를 맺은 곳이지요.

대한민국에도 박사님들이 인정한 아주 중요한 습지가 있어요. 바로 갈대숲이 우거진 순천만의 습지예요. 순천만은 생태학적으로 연구 가치가 높아 우리에게 절대 없어서는 안 될 자연의 보고예요. 특히 바닷게가 많이 살지요. 갈대숲이 너무나 울창하고 높아서 얼핏 보면 알 수 없지만, 순천만의 갈대숲 아래는 바닷게가 아주 많이 살고 있어요.

순천만에서는 1997년부터 순천만을 보호하고 그 중요성을 알리기 위해 갈대 축제를 열고 있어요. 갈대 축제에서는 자욱한 안개가 낀 습지와 갈대숲을 조용히 감상하는 '새벽 투어', '나룻배 타고 숲 속 탐험'을 즐길 수 있지요. 옛날 방식의 작은 나룻배를 타고 갈대숲 사이에 나 있는 작은 물길을 천천히 노를 저어 여행하는 거예요. 세계적으로 중요성을 인정받은 순천만의 갈대 축제는 참여하는 것만으로도 즐거운 환경 보호 운동이랍니다.

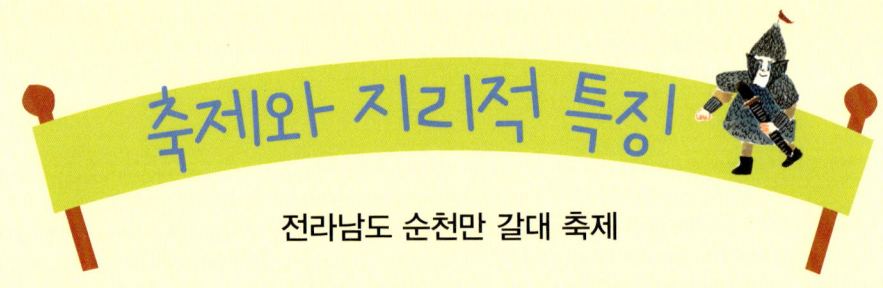

## 축제와 지리적 특징

### 전라남도 순천만 갈대 축제

**우리나라 최대의 갈대 군락지**

순천만은 강을 따라 유입된 모래와 흙, 유기물들이 오랜 시간 바다의 조수 작용에 의해 퇴적되면서 형성된 넓은 갯벌이에요. 경사가 완만하고 고운 갯벌로 인해 에스(S) 자 모양의 수로가 발달된 매우 독특한 지형이지요. 순천만은 우리나라에서 가장 넓은 갈대 군락지기도 해요. 내륙에서 바다까지 이어진 물길이 약 3킬로미터인데, 양쪽으로 그림 같은 갈대 군락지가 무려 50헥타르에 이르지요. 남해의 고흥반도와 여수반도 사이에 깊숙이, 아늑하게 자리 잡아 철새들도 많이 찾아와요.

# 11월
# 파주 장단콩 축제

### DMZ에서 자란 청정 농산물

장단콩은 파주 장단 마을에서 수확한 콩이에요. 맛있기로 유명하지요. 매년 11월이 되면 파주의 임진각에서는 장단콩 축제가 열려요. 매년 20만 명이 넘는 방문객이 찾아오는 장단콩 축제에는 질 좋은 장단콩과 콩으로 만든 온갖 먹거리가 가득해요. 콩 타작, 된장과 메주 만들기, 콩 인형과 사진 찍기, 장단콩 모래밭, 장단콩 노래 자랑, 불꽃놀이 등 축제장 한편에서 펼쳐지는 각종 체험과 공연도 장단콩 축제를 풍요롭게 만드는 요소지요.

하지만 파주 장단콩 축제가 정말 중요한 이유는 따로 있어요. 장단콩이 북한과 남한의 경계가 되는 비무장지대, 즉 DMZ에서 나는 콩이거든요. DMZ는 북한과 남한 사이에 있어요. 아무나 들어갈 수 없지요. 하지만 사람이 아예 살지 않는 것은 아니에요. 장단 마을도 DMZ 안에 있어요. 그래서 장단콩이 DMZ에서 재배되는 거지요.

　장단콩은 오염되지 않은 자연에서 깨끗한 물로만 재배된 전 세계에서 유일한 '청정 농산물'이에요. 남북으로 나뉜 한국의 독특한 상황에서 나온 의외의 수확물인 셈이지요. DMZ도 보고, 장단콩도 사고, 축제도 즐기기 위해 요즘은 외국인 관광객도 많이 방문하고 있답니다.

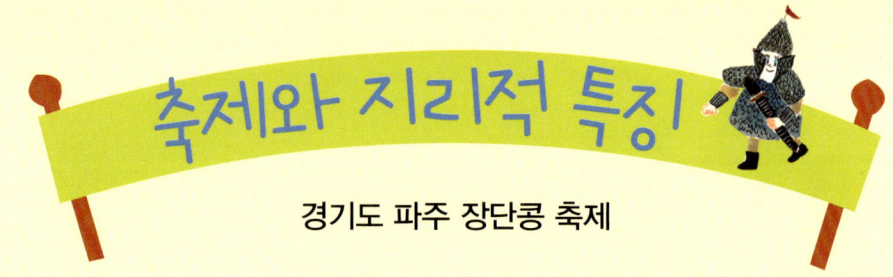

## 경기도 파주 장단콩 축제

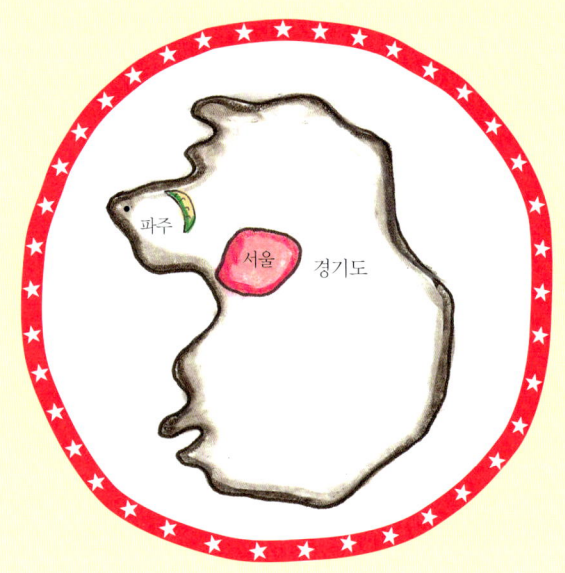

### 한반도 분단의 상징

파주는 경기도 서북단에 있어요. 북한에 있는 마식령산맥의 끝부분이라 주변에 낮은 산지가 많지요. 휴전선에서 불과 7킬로미터밖에 떨어져 있지 않아 한반도 분단을 상징하는 곳으로 더 잘 알려져 있어요. 임진각 유역에는 DMZ 평화 공원도 있답니다.

# 11월
# 이천 쌀 문화 축제

### 밀가루? 아니, 쌀밥!

밥보다 피자나 스파게티, 빵이 더 맛있나요? 그렇다면 이천 쌀 문화 축제에 가 봐요. 쌀의 소중함을 깨달을 수 있을 테니까요.

경기도 이천은 물이 풍부하고 땅이 기름져 옛날부터 벼농사를 짓기 아주 좋은 지역이었어요. 그런데 식습관이 서구화되면서 사람들이 밀가루 음식을 선호하자 1년 내내 땀 흘려 농사지은 쌀들이 팔리지 않게 되었지요. 이천 사람들은 어떻게 하면 사람들에게 쌀을 먹일 수 있을까 고민했어요. 그러다 갓 수확한 햅쌀의 풍미와 이천의 깨끗한 환경을 알리기 위해 축제를 만든 거예요.

그렇게 시작된 이천 쌀 문화 축제는 오늘날 전국적으로 명성을 떨치고 있어요. 날이 갈수록 재미있어질뿐더러 의미도 있으니까요. 어린이들은 쌀밥의 참맛을 알게 되잖아요. 쌀밥을 먹고 어린이들이 건강해지면 이천 사람들은 벼농사에 자부심을 갖게 되고요.

축제 기간에 이천 설봉 공원에 가면 600미터에 달하는 긴 무지갯빛 가래떡을 먹을 수 있어요. 한 해 동안 벼농사를 짓느라 고생한 이천 시민들 전체가 먹을 수 있게 600미터나 되는 가래떡을 뽑거든요. 거인의 부엌에서 가져온 듯 거대한 가마솥을 제작해 2천 명의 시민이 동시에 먹을 수 있는 밥을 짓고, 축제를 찾은 사람들과 골고루 나누어 먹은 적도 있어요. 벼농사를 지은 농부들이 손해 볼 것을 우려해 약간의 돈을 받고 팔았는데, 가마솥 밥이 어찌나 구수하고 맛있던지 순식간에 2천 인분이 다 팔려 나갔대요.

이 밖에도 이천 쌀 문화 축제에서는 누구나 쌀의 중요성을 깨닫고, 맛있는 쌀을 맛볼 수 있게 재미있고 다양한 놀이마당을 펼쳐요. 농경 사회에서 주로 불리던 노래와 먹거리를 섞어 놓은 문화마당, 그해 처음 수확한 햅쌀을 직접 보고 구매할 수 있는 햅쌀 장터, 풍년을 기원하는 놀이를 즐기는 기원 마당 등 총 여덟 개의 즐거운 놀 거리가 가득하지요. 이천 쌀 문화 축제처럼 요즘의 지역 축제는 단순히 놀기 위해서가 아니라 지역의 특산물을 더욱 활발히 소비하기 위한 수단으로도 적극 활용되고 있답니다.

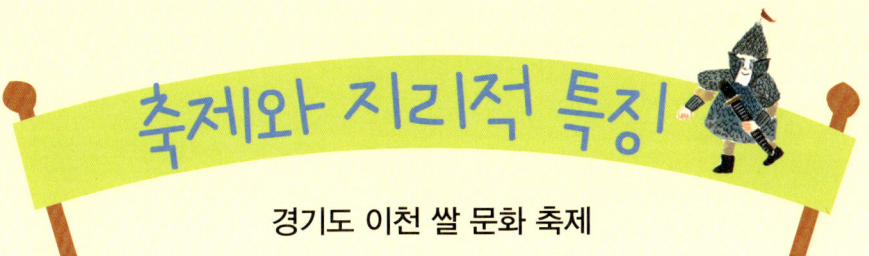

## 경기도 이천 쌀 문화 축제

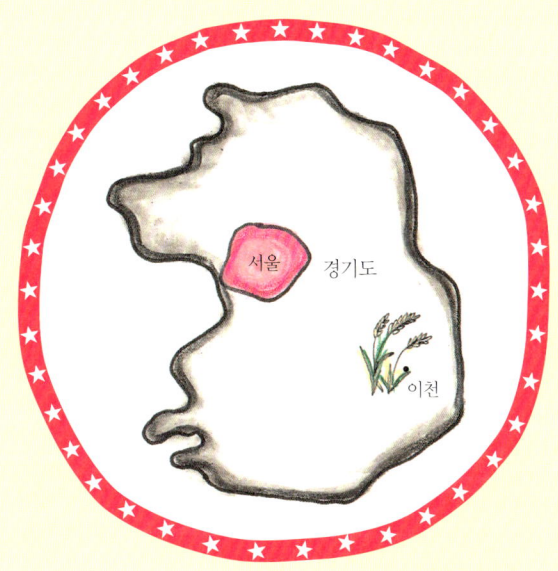

**일교차가 큰 반도성 기후**

　이천은 맛 좋은 쌀 생산지로 유명한 고장이에요. 오죽하면 조선 시대 성종이 조선 최고의 쌀이라며 앞으로는 이천 쌀만 먹겠다고 했을까요. 경기도 이천의 쌀이 명품으로 인정받은 이유는 이천의 독특한 기후 때문이에요. 벼가 익어가는 가을철에 밤과 낮의 일교차가 크고 일조량이 풍부해야 쌀에 단맛이 도는데, 이천의 날씨가 그렇거든요. 벼농사를 짓기에 아주 좋은 환경인 셈이지요.

# 12월
# 보성 차밭 빛 축제

**여름 손님을 한 번 더 초대하기 위한 겨울 축제**

보성의 녹차밭은 우리나라에서 가장 넓어요. 아름다운 경치 때문에 여름이면 관광객이 끊이지 않아요. 하지만 한겨울에는 찾아오는 사람이 거의 없었어요. 한겨울의 녹차밭도 한여름만큼 아름다운데 말이에요. 보성 녹차 마을 사람들은 여름에만 몰려드는 관광객들을 보며 어떻게 하면 겨울에도 찾아오게 할까 생각했어요.

고민 끝에 보성 사람들은 축제를 활용했어요. 녹차밭 중턱에 있는 터널을 매혹적인 빛으로 장식하고, 방문객들이 산의 위쪽과 아래쪽을 골고루 산책할 수 있도록 했지요. 추위 때문에 축제를 즐기지 못하는 일이 없도록 꼼꼼히 겨울 축제를 준비했답니다.

축제를 만들고 난 뒤, 보성에는 겨울 관광객이 부쩍 늘어났어요. 요즘은 12월에도 보성 녹차밭을 찾는 사람들이 끊임없이 이어지지요. 여름에는 아름다운 풍경으로 손님을 끌었다면 겨울에는 녹차밭에 빛을 뿌려 손님이 찾아오게 한 거예요.

　보성 차밭 빛 축제가 생긴 후로 보성은 1년 내내 활기가 넘쳐요. 여름에는 매일 아침 일찍 일어나 이슬 머금은 찻잎을 따고, 겨울에는 빛 축제를 찾아 온 손님맞이로 분주하지요. 보성에 가서 여름에는 찻잎의 녹색 향연, 겨울에는 한밤의 빛 축제를 즐겨 보는 것은 어떨까요?

# 축제와 지리적 특징

## 전라남도 보성 차밭 빛 축제

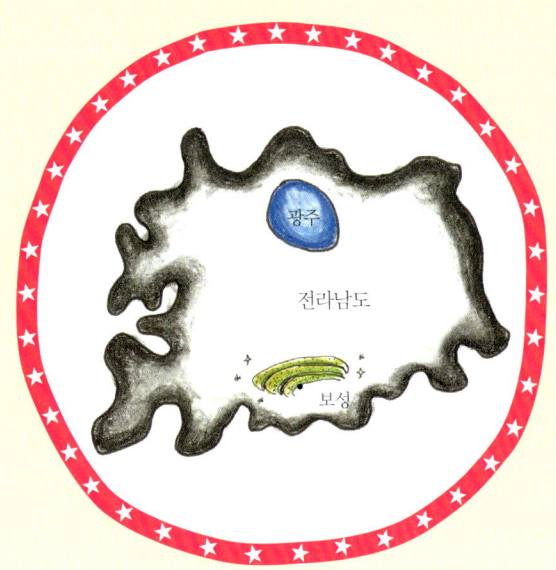

### 녹차 재배에 딱 맞는 지형

녹차는 온도와 습기에 매우 민감해요. 농부들이 아무리 땀 흘려 노력해도 자연이 도와주지 않으면 최상품의 녹차를 생산할 수 없지요. 그래서 좋은 녹차를 생산하는 일은 정말로 어려운 일이에요. 우리나라에서는 전라남도 보성이 녹차 재배에 가장 알맞아요. 남부 지방이지만 보성에만 고도가 높은 산이 밀집되어 녹차를 키우기 좋기 때문이에요.

# 12월
# 영동 곶감 축제

### 흉년이 와도 걱정 없는 우리 마을

호랑이와 곶감에 대한 옛날이야기를 들어본 적 있나요? 호랑이가 온다며 겁을 줘도 울음을 멈추지 않던 아기가 시원한 곶감을 받고 울음을 뚝 그쳤다는 이야기 말이에요. 충청북도 영동은 바로 그 겨울 곶감이 가장 많이 나는 곳이에요.

곶감은 가을에 수확해서 먹은 홍시의 일부를 가을바람에 말린 거예요. 먹어도 먹어도 자꾸만 손이 가는 대표 겨울 간식이지요. 영동 사람들은 옛날부터 집 앞마당이든 선산이든 농장이든 빈 공간만 있으면 감나무를 심었어요. 그 덕분에 지금도 영동을 가면 어디에서나 감나무를 볼 수 있지요.

영동 사람들은 보다 많은 사람이 즐길 수 있도록 영동 곶감의 우수한 품질을 널리 알리고 싶었어요. 그래서 곶감을 이용해 축제를 만들었지요. 그런데 한겨울에 열리는 이 곶감 축제는 언제부터인가 영동 사람들의 생활을 책임지기 시작했어요. 오늘날 영동 농부들은 흉년이 와도 전혀 걱정이 없어요. 예상치 못한 태풍으로 피해를 입어도, 농산물의 가격 폭락으로 농가의 형편이 어려워져도, 마을 곳곳에 심어 둔 감나무가 경제적으로 큰 도움을 주니까요. 농사일로 바쁜 농부들에게는 비교적 손이 덜 가고, 맛있는 먹거리까지 안겨 주는 감나무는 말 그대로 효자지요. 이렇듯 영동 곶감 축제는 단순한 지역의 대표 특산물 축제가 아니에요. 풍년이 오든 흉년이 오든 농가의 수입 걱정을 붙들어 매주는 고마운 문화 행사지요. 대대손손 감나무를 소중히 여겨온 독특한 문화가 오늘날 영동을 풍요로운 마을, 부자 마을로 남게 해 준 거예요.

최근 들어 영동 곶감의 인기가 더욱 높아지자 영동 사람들은 매년 12월 전국의 대도시를 돌며 영동 곶감 행사를 갖고 있어요. 맛 좋고 영양 좋은 곶감을 전국의 모든 사람이 맛볼 수 있게 말이에요.

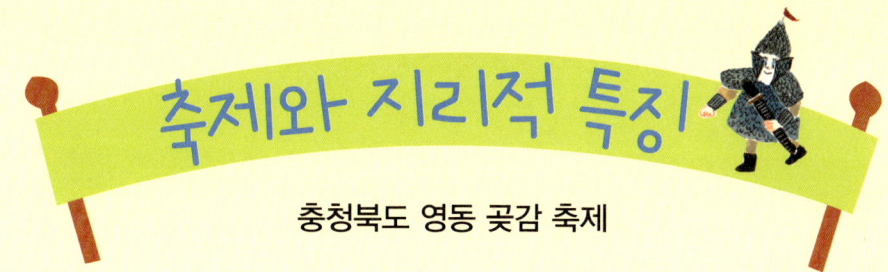

### 충청북도 영동 곶감 축제

#### 차가운 바람에 말리는 곶감

영동은 주변에 높은 산이 많아요. 주변의 산에서 흘러든 물길은 금강 상류에서 만나, 영동의 서쪽을 지나지요. 그래서 서쪽에는 산이 없어요. 겨울철에 부는 차가운 북서 계절풍은 그대로 도시를 지나지요. 곶감을 말리기 최적의 지형인 기예요. 곶감은 가을에 수확한 감을 겨울 동안 통풍이 잘 되는 그늘에서 말려야 맛있거든요. 겨울철 일교차도 무려 30도나 되어 맛있는 곶감을 생산하기에 알맞은 지리적 환경을 갖고 있지요.

# 12월
# 땅끝 해넘이 해맞이 축제

### 대륙 끝, 바다 시작점에서 맞는 새해

우리나라 지도의 맨 아래쪽, 제주를 마주보는 끄트머리에 땅끝 마을이 있어요. 땅끝 마을은 말 그대로 우리 땅의 가장 끝에 있는 마을이에요. 예부터 우리 조상들은 시작과 끝을 매우 중요하게 여겼어요. 끝이 난다는 것은 다시 시작된다는 의미니까요. 풍수지리학자들은 대륙으로부터 뻗어 나오는 좋은 기운이 마지막으로 모이는 지점이라며 땅끝 마을을 최고의 명당으로 뽑았지요. 그래서인지 땅끝 마을은 우리나라 땅이 끝나는 지점을 직접 보겠다고 모여드는 여행객들로 1년 내내 붐빈답니다.

한 해를 마무리하고 새해를 맞는 매년 12월 말일, 땅끝 마을 사람들은 해넘이와 해맞이 의식으로 축제를 열어요. 12월 말일 밤 12시는 축제의 절정이자 열광의 도가니지요. 땅끝 마을 축제에 모인 사람들은 모두 손을 잡고 강강술래를 하며 함성을 질러요.

"새해에는 매일매일 좋은 일만 일어나게 해 주세요!"

"여기 있는 사람 모두 다 행복하게 해 주세요!"

마지막 몇 초를 남기고는 모르는 사람들끼리도 서로 껴안으며 새해 복을 많이 받으라고 인사해요. 해넘이 의식이 끝날 무렵이면 어디선가 군고구마 냄새가 나지요. 땅끝 마을 사람들이 손님들을 위해 마련한 군고구마예요. 해넘이를 하느라 오들오들 떨던 사람들은 너나 할 것 없이 달콤한 군고구마를 나눠 먹으며 새해의 밝은 태양이 떠오르길 기다리지요. 해맞이 축제에서 일찍 잠드는 건 절대 있을 수 없는 일이에요.

땅끝 해넘이 해맞이 축제는 지형 특성 때문에 인기를 끄는 독특한 축제예요. 사람들이 연말연시에 이곳을 찾아오는 이유는 땅끝 마을이 우리가 사는 대한민국 땅의 맨 끄트머리에 있기 때문이지요. 축제를 즐긴다기보다는 축제가 열리는 땅끝 마을에서 시간을 갖고 싶은 거예요. 그렇기 때문에 땅끝 마을 사람들은 야단스럽게 축제 분위기를 내려고 노력하지 않아요. 방문객들이 편안하게 생각을 정리하고 가슴에 새해의 희망을 담고 갈 수 있도록 의도적으로 축제를 차분하게 꾸미지요. 요란한 공연 대신 마음을 평온하게 하는 클래식 음악을 들려주면서요.

새해를 맞는 의식은 누구에게나 소중해요. 땅끝 마을 사람들은 방문객들이 새해를 감동적으로 맞도록 도와주면서 땅끝 해넘이 해맞이 축제를 최고의 축제로 만들었답니다.

# 축제와 지리적 특징

## 전라남도 해남 땅끝 해넘이 해맞이 축제

### 태백산맥 지류와 해양성 기후의 만남

땅끝 마을은 태백산맥에서 뻗어 나온 노령산맥이 남해 바닷속으로 사라지는 지점에 있어요. 땅끝 마을에 서면 많은 섬의 멋진 풍광을 볼 수 있지요. 날씨가 좋을 때는 제주의 한라산도 볼 수 있어요. 해양성 기후 덕에 농업과 수산업이 고루 발달해 먹거리와 볼거리가 풍부하지요.

chapter 4

# 한국의 체험 축제 베스트

# 고창 청보리밭 축제

**축제로 만나는 추억 관광의 대표지!**

　요즘 해외에서는 추억을 상품으로 만드는 이른바 추억 관광이 인기를 끌고 있어요. 많은 사람이 함께 그리워하는 특정 장소나 집단 놀이 등을 축제로 만들어 향수를 불러일으키는 거지요. 사람들의 기억 속에 오랫동안 자리 잡고 있던 공통의 추억이라면 좋은 축제 소재가 될 수 있으니까요. 최근 우리나라에서도 이런 추억 관광의 흐름에 참여하려는 움직임이 보이는데, 고창의 청보리밭 축제가 대표적이라 할 수 있어요. 어릴 적 추억을 되살리는 청보리밭을 축제로 만들어 관광 상품으로 탄생시킨 거지요.

　상상이 잘 안 되겠지만 50년 전만 해도 우리나라는 아주 가난했어요. 먹을 것도 구하기 힘들었지요. 까슬까슬한 보리밥으로 겨우 끼니를 때우는 것만으로도 감사할 정도였어요.

그때의 아이들은 찢어진 검정 고무신을 신고 넓은 보리밭을 오가며 뛰어놀았어요. 그러니 우리 할머니, 할아버지들에게는 청보리밭 축제가 남다르게 다가올 수밖에 없겠지요? 보리밭에 대한 추억이 아주 많이 남아 있을 테니까요. 청보리밭을 천천히 걸어 보는 건 어른들에게 아주 특별한 어린 시절과의 만남인 셈이에요. 그립지만 고단한 어릴 적 기억 속으로 한 걸음, 한 걸음 걸어가는 느낌일 거예요.

드넓은 평야를 뒤덮은 초록 보리 이삭들을 볼 수 있는 고창 청보리밭 축제는 매년 4월부터 한 달간 계속돼요. 청보리가 매년 4월 보리 이삭을 맺기 시작하기 때문이지요. 추억을 되새기는 축제이기 때문에 이것저것 다양하게 체험하는 여느 축제와 달라요. 축제 기간에 찾아가도 넓은 평야에 뒤덮인 청보리밭과 시원한 봄바람, 청보리밭 사이로 나 있는 오솔길 정도를 만끽할 뿐이지요.

하지만 날이 갈수록 청보리밭을 찾아오는 관광객이 늘어나면서 요즘에는 아이와 어른이 함께 즐길 수 있는 '청보리밭 도깨비 이야기'를 곳곳에서 선보이고 있어요. 청보리밭에 얽힌 다양한 전설과 동화를 인형극으로 꾸며 청보리밭 곳곳에서 펼치는 거예요. 어린이만 좋아할 것 같다고요? 천만에요! 보리밭에 얽힌 다양한 사연을 가슴속에 품은 어른들이 더욱 뜨거운 반응을 보인답니다.

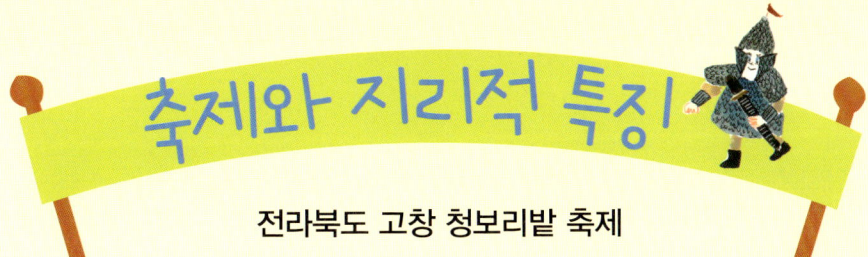

## 축제와 지리적 특징

### 전라북도 고창 청보리밭 축제

**한반도 최대의 고인돌 군락지**

전라북도의 서남쪽 끝에 위치한 고창은 서해와 맞닿아 있어요. 80킬로미터에 달하는 길고 굴곡진 해안선 덕분에 간석지가 발달해 염전이 많지요. 동쪽으로는 노령산맥 기슭에 닿아 농작물 재배에 좋은 산지성 구릉이 발달했어요. 지형적 특징으로 세찬 비가 많이 내려요. 고인돌 무덤이 가장 많이 모인 군락지로 청동기 시대의 문화를 엿볼 수 있어, 학술적으로도 매우 가치 있는 지역이에요.

# 삼척 장호 어촌 축제

### 축제를 통해 체험하는 어부의 하루

강원도 삼척은 탄광촌과 오래된 재래시장이 많아요. 다른 도시들에 비해 발전하지 못한 편이지요. 하지만 그렇기 때문에 좋은 점도 있어요. 대부분 관광지로 개발돼 진짜 어촌 마을의 풍경을 볼 수 없는 요즘 여전히 물고기 잡는 어부들이 모여 사는 어촌 마을이 고스란히 남아 있거든요. 바로 매년 어촌 축제를 여는 '장호'라는 마을이에요.

삼척 장호 어촌 축제에 참여하면 밑이 훤히 보이는 투명 카누를 타고 놀 수 있어요. 투명 카누를 처음 탄 어린이들은 엉덩이 밑 알록달록 물고기를 보고는 깜짝 놀라 비명을 지르기도 하지요. 이 밖에도 스노클링, 바닷물고기 잡기, 오리보트, 돌미역 따기, 성게 잡기, 통발 체험 등 어촌에서만 할 수 있는 특별한 체험 프로그램이 아주 많아요. 일단 가 보면 평소 도시에서는 볼 수 없었던 신비한 광경에 눈이 휘둥그레해지지요.

체험 중 바다에 빠지면 어떻게 하냐고요? 끄떡없어요. 장호는 푸른 바다만큼이나 어린이들이 놀기 좋도록 늘어선 바위 울타리로 유명하거든요. 바위들이 해안가에 울타리처럼 둘러져 있어서 물놀이하던 어린이들이 바다로 떠밀려 갈 위험이 전혀 없지요.

어부 아저씨와 함께하는 고기 잡기는 삼척 장호 어촌 축제의 최고 인기 프로그램이에요. 장호 마을에서 태어나 평생 파도를 벗 삼아 물고기를 잡아 온 어부 아저씨들을 직접 만나 이야기도 나누고, 함께 배 위에서 고기도 잡으며 어부의 하루를 직접 경험해 보는 프로그램이지요. 아저씨들과 고기를 잡아 보면 생선이 어떤 과정을 거쳐 우리 집 밥상에 오르는지 생생하게 이해할 수 있어요.

사실 삼척 장호 어촌 마을 축제는 어부들을 위한 축제라고도 할 수 있어요. 어부 아저씨들은 풍부한 먹거리를 내주고, 또 삶의 터전이 돼 주는 바다에 진심으로 고마워하거든요. 우리는 이따금씩 놀러가는 게 전부지만, 바다의 파수꾼인 아저씨들은 일생 동안 묵묵히 바다를 지키지요. 어부들의 힘겨운 하루를 체험해 보고, 진짜 어촌의 분위기를 마음껏 즐겨 보는 삼척 장호마을 어촌 축제에 꼭 참여해 보세요.

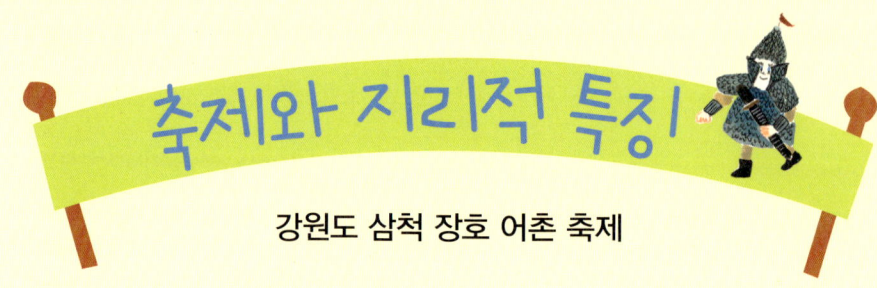

## 강원도 삼척 장호 어촌 축제

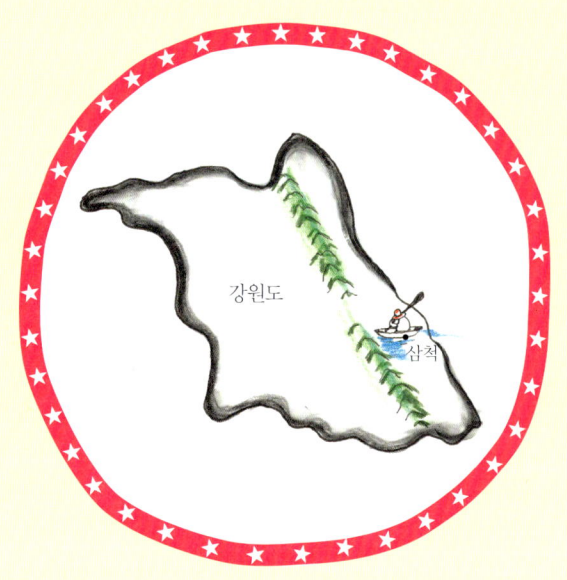

### 먼바다에서 잡는 물고기

　동해는 해안선이 단조롭고 섬이 적으며 바다 밑 지형의 경사가 매우 급한 특징을 지니고 있어요. 수심이 깊어 조수간만의 차가 적고, 연안도 발달하지 못했지요. 반면 서해는 지형이 완만하며 연안과 갯벌이 발달하고 가까운 바다에서의 어업 활동이 가능한 특징을 지니고 있어요. 이런 지형적 차이를 바탕으로 서해는 근해의 어장 어업이, 동해는 먼바다에 배를 타고 나가는 원양 어업이 발달했어요.

# 양평 메기수염 축제

### 1년 내내 축제가 계속되는 수미 마을

예부터 물과 쌀이 좋기로 유명해서 '물 수水'에 '쌀 미米'를 쓰는 수미 마을은 원래 평범한 농촌 마을이었어요. 감자 캐기나 농촌·한옥 체험 등 간단한 자연·체험 프로그램만 운영되고 있었지요. 그러던 어느 날 수미 마을 사람들은 단순한 농촌 체험을 축제 형태로 짜임새 있고 보다 알차게 만들어 보자는 아이디어를 냈어요. 수미 마을에는 감자나 한옥 외에도 색다른 볼거리가 많았거든요.

수미 마을 사람들은 농사일과 축제를 균형 있게 잘 운영하기 위해서 아예 '365일 축제 위원회'를 만들었어요. 365일 축제 위원회는 1년 내내 마을의 공동 행사인 축제를 준비하고, 각 축제의 정체성을 강화하는 데 힘을 기울였지요. 지금 수미 마을에는 1년 내내 재미있는 축제가 펼쳐져요. 봄에는 딸기 축제, 여름에는 양평 메기수염 축제, 가을에는 수확 축제, 겨울에는 빙어 축제까지 볼거리와 즐길 거리가 가득하지요. 언제

갈지 따로 달력을 찾아볼 필요가 없어요. 대신 수미 마을에 놀러 갈 날짜를 정하면, 바로 예약해야 해요. 1년 내내 예약이 꽉 차 있으니까요. 예약하지 않으면 수미 마을의 다양한 축제를 체험할 수 없어요.

양평 메기수염 축제는 수미 마을 축제 중 가장 늦게 생긴 꼬마 축제지만, 재미는 으뜸이에요. 매년 6월에서 8월까지, 무려 세 달이나 펼쳐지지요. 마을 사람들이 '흑천'이라고 부르는 수미 마을 앞 실개천은 양평 메기수염 축제의 대표적 놀이터예요. 어린이가 들어가도 딱 허리까지만 물이 차올라 여름 물놀이에 아주 좋은 장소지요. 앞에는 물 미끄럼틀도 설치되어 있어요.

흑천에서는 미꾸라지, 붕어, 메기 등 다양한 물고기도 잡을 수 있어요. 마른 갈대로 만든 고기잡이 도구 '노방렴'을 이용해 수미 마을만의 독특한 물고기 잡이도 배울 수 있고요. 연못을 만들어 맨손으로 미꾸라지 잡기 대회도 하고, 뗏목 타고 수중 생태 탐험도 해요. 이곳에서 잡은 물고기는 집으로 가져가기도 하고 그 자리에서 요리해 나눠 먹기도 하지요.

수미 마을에서는 예상치 못한 비가 내리더라도 촉촉이 젖어드는 농촌 풍경을 즐길 수 있도록 배려해요. 빗속에서 즐길 수 있는 프로그램이 따로 운영되고 있지요. 요즘 전국 각지의 농촌에서 이런 체험 프로그램이 많이 생겨나고 있는데, 수미 마을은 마을 사람들의 노력이 돋보이는 명소랍니다.

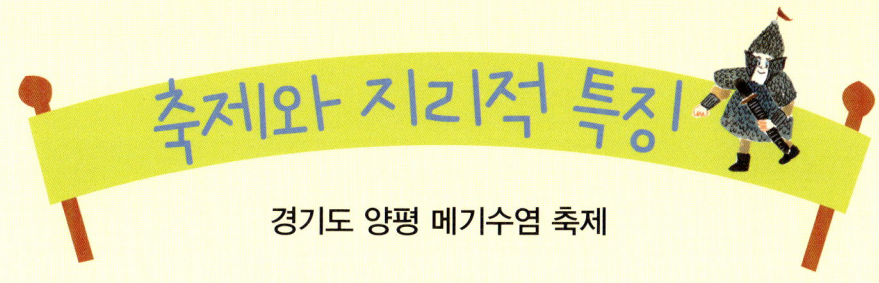

## 축제와 지리적 특징

### 경기도 양평 메기수염 축제

**곡저 평야 위에 만들어진 농촌 마을**

양평은 경기도의 동쪽에 위치한 군 소재지로, 인구가 10만 명이 안 되는 농업 도시예요. 장락산맥의 영향으로 양평군 중심부에 높은 산이 발달돼 있지요. 이 때문에 양평군 전체의 70퍼센트가 산지예요. 양평 메기수염 축제가 열리는 수미 마을의 흑천은 남한강의 한 지류지요. 흑천 주변에는 좁은 곡저 평야가 발달해 있는데, 곡저 평야는 하천이나 빙하에 의해 산과 산 사이의 골짜기에 만들어진 평탄지예요. 주로 농작지나 거주지로 활용되지요. 수미 마을은 곡저 평야 위에 만들어진 마을이기 때문에, 물이 많고 벼농사를 짓기 좋은 지역이에요.

# 울산 고래 축제

### 고래가 춤추는 축제

울산 대곡리에는 아주 오래된 고래 벽화가 있어요. 지금으로부터 무려 3,500년에서 7,000년 전에 울산에 살던 사람들이 그린 그림이라고 해요. 이 벽화는 '반구대 암각화'라고 불리는데, 옛사람들이 돌이나 도구를 사용해서 고래를 잡는 내용의 그림이지요. 튼튼한 배도 없고, 크레인 같은 기계도 없었을 텐데 도대체 어떻게 고래를 잡았던 걸까요?

옛날부터 울산 주변에서는 끊임없이 반구대 암각화 같은 선조들의 어로 유적이 발견됐어요. 울산 사람들은 울산이 특별한 지역임을 감지하고, 울산을 공업과 자동차의 도시에서 '고래의 도시'로 탈바꿈시키기 위해서 지혜를 짜내기 시작했지요. 울산에는 지금도 어마어마한 몸집을 자랑하는 귀신고래가 많이 살거든요.

매년 여름, 울산 앞바다 장생포 축제장과 '반구대 암각화'로 향하는 태화강 축제장 두 곳에서는 고래 축제가 펼쳐져요. 거리의 고래 퍼레이드에서는 시민들이 선사 시대 원시인 복장을 하고 나와 춤추는데, 마치 개그 프로그램을 보는 것처럼 흥이 넘치지요. 울산 고래 축제에서 절대 놓칠 수 없는 특별한 체험은 배를 타고 나가 살아 있는 바다 고래를 만나는 거예요. 선장님이 직접 고래 서식지로 안내하지요. 누군가 "고래가 나타났다!" 하면서 소리를 지르면 사람들이 순식간에 소리가 난 쪽으로 몰려들어요. 거대한 검은 고래는 잠깐 등장해 모두의 감탄을 자아냈다가 순식간에 바닷속으로 사라져 버려요.

 울산 사람들에게 고래 축제는 '고래가 살 만큼 건강한 울산 바다'를 상징하는 소중한 축제예요. 올여름에는 귀신고래를 만나러 울산으로 떠나 봐요.

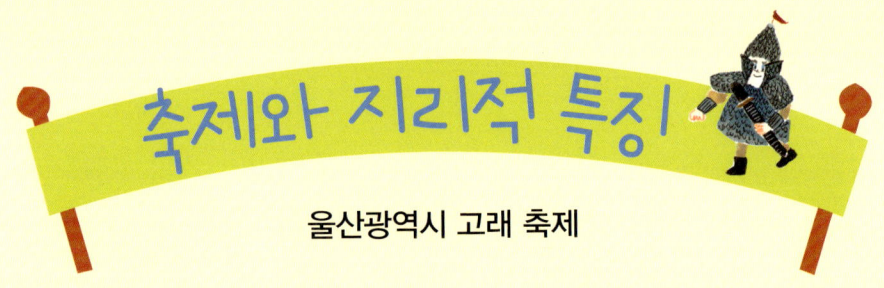

## 울산광역시 고래 축제

**울산 앞바다는 회유해면**

　울산 연안에 많이 사는 귀신고래는 암초가 많고 수심이 깊은 바닷속에 살아요. 어둑어둑한 암초 속에서 검은 귀신처럼 출몰한다고 '귀신고래'라는 이름이 붙었지요. 한편, 물고기가 알을 낳거나 먹이를 찾기 위해 일정한 시기에 한곳에서 다른 곳으로 떼 지어 헤엄쳐 다니는 걸 '회유한다'라고 해요. 귀신고래도 회유하는 동물이지요. 울산 앞바다는 귀신고래가 새끼를 낳기 위해 이동하는 길, 즉 회유해면에 속해요.

# 연천 구석기 축제

**주먹 도끼로 사냥하던 원시인 체험**

태초의 인간은 과연 어떤 모습이었을까? 책을 읽고, 선생님의 설명을 들어도 도저히 감이 오지 않는다고요? 그럼 구석기 시대의 유적을 실제로 볼 수 있는 경기도 연천 전곡리의 구석기 마을에 가 보세요. 전곡리 사람들은 매년 구석기 시대를 재현하는 특이한 축제를 열거든요. 아주 오래전 인류의 모습이 어땠는지 직접 살펴볼 수 있는 장을 마련해 주는 거예요.

전곡리에서 구석기 시대 유물을 처음으로 알아본 사람은 1978년 어느 날, 우연히 전곡리에 놀러왔던 보웬이라는 미국 병사예요.

"이게 대체 뭐지? 도끼는 도끼인데 정말 못 만들었군. 꼭 주먹처럼 생겼는걸!"

구석기 시대를 배경으로 하는 만화나 영화를 보면, 원시인들이 '주먹도끼'를 휘두르며 동물을 사냥하는 모습이 곧잘 나와요. 전곡리의 주먹 도끼도 사냥 도구였지요. 고고학 박사들에 의하면, 자그마치 60만 년 전에 우리나라 사람들이 손으로 직접 돌을 깨고 갈아서 만든 거래요.

사실 전곡리 마을 농부들은 매일 오가며 보던 주먹 도끼가 구석기 시대의 유물이라는 사실을 믿지 않았어요. 너무 익숙해서 전곡리의 유물들이 엄청난 가치를 지닌 보물이라는 걸 전혀 눈치채지 못한 거예요. 하지만 누구보다 이제는 구석기 유적들을 잘 이해하고 있어요. 박물관도 지었어요. 전곡리 곳곳에서 주먹 도끼, 가로날 도끼, 뾰족끝 찍개, 긁개 등 구석기 시대 도구가 4천 점 이상 발견됐거든요.

구석기 테마 공원이 입소문을 타고 유명해지자 겨울에는 구석기 시대를 포함한 30만 년 전의 빙하 시대 생활을 체험하는 구석기 문화 체험 행사도 열고 있어요. 테마 공원에 방문하면 이 밖에도 구석기식 불피우기, 빙하 시대 의복 체험, 원시인 눈사람 마을 등 구석기 시대의 다양한 문화를 놀이로 접할 수 있어요.

연천 전곡리의 구석기 축제에 가서 태초의 인간은 어떻게 생활했는지 직접 현장을 둘러보고 체험해 보는 게 어떨까요? 내가 구석기에 태어났다면 주먹 도끼 말고 어떤 사냥 도구를 만들었을지 상상해 보면서요.

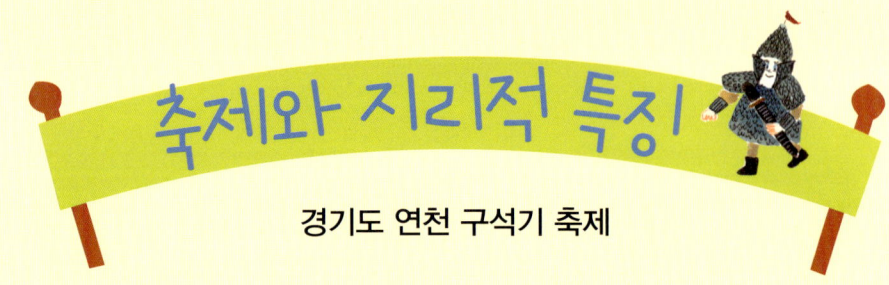

## 경기도 연천 구석기 축제

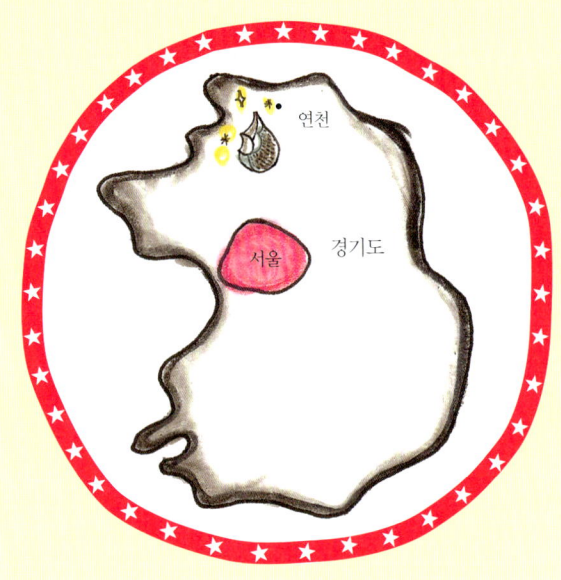

### 한반도 최대의 선사 유적 출토지

전곡리는 한탄강이 감싼 현무암 대지 위에 쌓인 퇴적층에 들어선 마을이에요. 수십만 년 전 화산에서 흘러나온 용암 줄기가 한반도 중심을 지나면서 지금의 한탄강, 임진강과 연결됐고 오랜 세월이 흐르면서 그 위에 퇴적층이 형성된 거지요. 그 사이 인류가 출현했기 때문에 오늘날 퇴적층 사이에서 선사 유적들이 발견되는 거예요. 다양한 선사 유적이 발굴되는 연천 전곡리 일대는 역사를 보여 주는 살아 있는 교과서라고 할 수 있어요.

# 보령 머드 축제

**조가비 진흙을 만나는 세계 명소**

충청남도 보령에 있는 대천 해수욕장의 백사장은 아주 독특해요. 조가비 가루로 만들어진 백사장이거든요. 대천 앞바다 조가비들이 오랜 시간 바람과 파도에 쓸리면서 조금씩 갈라지고 결국 밀가루처럼 고운 가루로 변해 버린 거예요. 보령은 이 특별한 조가비 모래를 한 번 더 가공해 매년 보령 머드 축제를 열고 있어요. 머드 축제 덕분에 대천 해수욕장은 여름만 되면 발 디딜 틈 없이 북적이지요.

보령 머드 축제를 찾은 사람들은 해수욕장에 도착하자마자 바닥에 뒹굴어요. 진흙 마사지로 축제를 시작하지요. 대천 해수욕장 진흙에는 미네랄과 게르마늄 등 피부에 좋은 성분이 많이 들어 있기 때문에 이런 진흙 마사지가 건강에 도움이 된다고 해요. 물론 재미도 있지요. 진흙에 한 번 뒹굴고 나면 순식간에 검은 점토 인형처럼 변해 버려 누가 누구인지 서로 알아보기도 힘들어요. 어린아이들은 시커멓게 변해 버린

엄마, 아빠를 못 알아보고 울음을 터트리기도 하지요.

머드 감옥은 보령 머드 축제의 또 다른 재미예요. 머드 감옥은 해변에 들어오지 않아 옷차림이 깨끗한 사람들을 납치해서 진흙 범벅인 방에다 가둬 놓는 거예요. 머드 감옥에 갇힌 사람들은 진흙 놀이의 재미에 빠져 절대로 되돌아 나오지 않는대요.

지금은 머드 축제로 인해 전 세계인이 찾아오는 최고의 여름 휴양지가 됐지만, 한때 보령은 찾는 사람이 점점 줄어 고민이 많던 지역이었어요. 관광객들이 다시 대천 해수욕장을 찾도록 보령의 자원을 활용할 방법이 없을까 여러모로 고민했지요. 그 고민이 오늘날 아시아 최대의 진흙 축제, 보령 머드 축제로 성장한 거예요.

보령 머드 축제는 보령 사람들의 지역 사랑을 보여 주는 대표적인 문화 행사예요. 보령 사람들은 전국의 수많은 해수욕장 중 대천 해수욕장의 조가비 진흙을 따라올 곳은 없다는 자신감으로 똘똘 뭉쳐 매년 우수한 축제를 선보이고 있답니다.

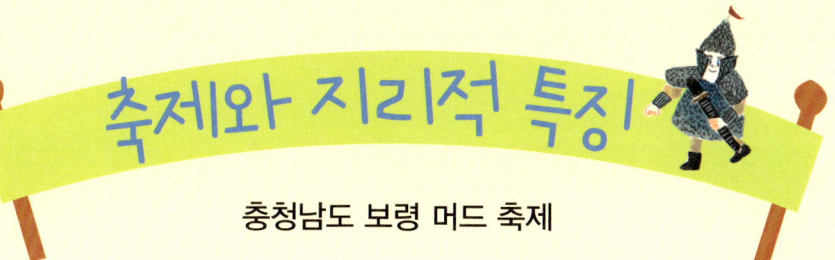

## 축제와 지리적 특징

### 충청남도 보령 머드 축제

**조가비 모래는 리아스식 지형의 산물**

리아스식 해안은 침식이 많은 대지나 구릉, 산지가 침강하면서 해안선이 복잡하게 드러난 지형이에요. 복잡한 해안선의 영향으로 물이 잔잔하고 갯벌이 생성되어 양식 산업이 발달했지요. 서해, 그중에서도 보령은 우리나라 리아스식 해안의 대표 지형이에요. 해안선을 따라 무려 136킬로미터에 이르는 진흙 해변이 펼쳐져 있지요. 독특한 해안선 덕에 대천 해수욕장은 조가비 등 어패류가 살기에 좋은 환경이 됐어요. 그 덕분에 머드 축제를 열 수 있게 됐죠.

# 시흥 갯골 축제

**소금 수확 염전 체험**

바다에도 골짜기가 있다는 사실 알고 있나요? 갯골 이야기예요. 바닷물이 들고 나는 해안가에는 구불구불한 물길이 생기는데 이것을 '갯골'이라고 부르거든요. 바다 가장자리, 갯벌에 생긴 골짜기라는 뜻이지요. 어촌 사람들은 '갯고랑'이라고 부르기도 해요. 대한민국에서 가장 놀기 좋은 갯골은 경기도 시흥에 있어요.

매년 가을 열리는 시흥 갯골 축제에서는 벌레 걱정을 전혀 할 필요가 없어요. 아프리카 코끼리가 진흙 마사지를 하는 것처럼, 갯골 진흙을 온몸에 바르기만 하면 벌레들이 꼼짝 못 하거든요. 게다가 아주 오랫동안 밀물과 썰물이 수없이 드나들면서 만들어진 갯골 진흙은 그냥 얼굴에 발라도 전혀 아프지 않아요. 마치 거인이 검은 밀가루를 반죽해 온통 바다에 뿌려놓은 것 같지요. 갯골을 처음 본 친구들은 좁다랗게 물길이 난 갯골 사이에 누워 뒹굴거리며 장난을 치기도 해요. 그럼 금세

진흙을 뒤집어쓴 물고기처럼 변해 버리지요. 뻘 위에서 눈만 깜빡깜빡하며 굴러다니는 모습은 사람들을 큰 소리로 웃게 만들어요.

갯골 축제 한 달 전부터 시흥에서는 삼목어 물고기를 만들어 축제와 마을의 안녕을 기원해요. 삼목어는 상상의 물고기로, 축제에 쓰이는 제물 같은 의미예요. 갯골에 갇힌 삼목어를 살려 줬더니 훗날 은혜를 갚으러 돌아왔다는 전설이 시흥에 내려오고 있거든요. 시흥 어린이들은 갯골의 갈대와 한지 등을 이용해 삼목어 인형을 만들고, 축제 기간 동안 알록달록한 삼목어를 전시해요. 축제가 끝나면 삼목어를 바다로 보내 주는 의식도 치르지요.

시흥 갯골 축제에서는 염전 체험도 할 수 있어요. 염전은 소금을 만들기 위해 바닷물을 모아 논처럼 만든 곳이에요. 시흥 갯골 축제에서는 갯골 주변 염전에서 어린이들이 직접 소금을 수확해 볼 수 있어요. 어린이들이 직접 소금을 만들어 볼 수 있는 축제는 전국에서 시흥 갯골 축제가 유일해요. 얼마나 맛있고 짭조름한 소금을 만들 수 있는지 올가을 시흥 갯골 축제에 꼭 가 보세요.

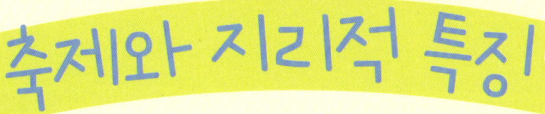

### 경기도 시흥 갯골 축제

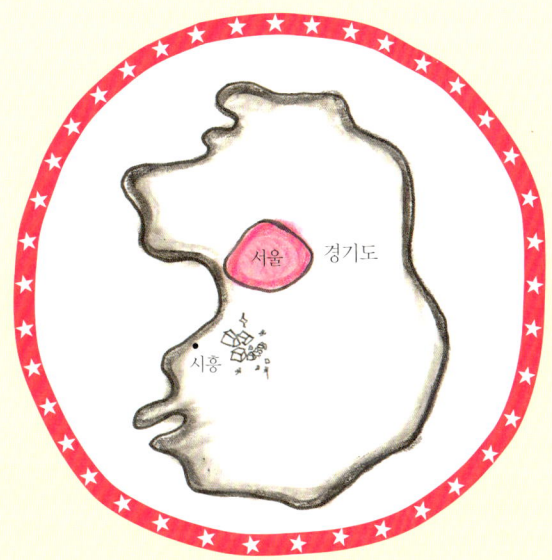

**한반도 유일의 내만 갯벌**

　시흥의 갯벌은 내륙에 위치한 나선형의 갯벌이에요. 내륙 깊숙이 아늑하게 들어앉은 내만 갯벌로, 전국에 하나밖에 없지요. 특이하게도 갯골 자체의 경사가 매우 급해 물길 변화가 뚜렷하게 관찰돼요. 독특한 지형 덕에 다른 갯골에서는 보기 힘든 각종 어류와 양서류가 발견돼 2012년 연안습지보호구역으로 지정됐어요.

# 화성 봉선 축제

**청년들을 고향으로 돌아오게 만든 축제**

경기도 화성은 공룡 유적지 등 재미있는 놀 거리가 많아요. 이곳저곳 여행하다 보면 평소에 볼 수 없는 색다른 풍경을 많이 만날 수 있지요. 하지만 화성이 처음부터 놀기 좋은 환경이었던 것은 아니에요. 위험한 사고도 잦고, 젊은이들이 대도시를 찾아 떠나 고민이었지요. 화성 사람들은 마을 공동체를 운영하며 어떻게 화성을 건강하고 활력 넘치는 도시로 바꿀 수 있을까 끊임없이 고민했어요. 그러다 '마을 축제'를 만들었지요.

그중에서 신외 마을 봉선 축제는 아주 특별해요. 축제 덕분에 도시로 떠났던 마을 청년들이 하나둘씩 마을로 돌아왔거든요. 매년 어렵사리 축제를 키워 가는 마을 어르신들의 노력을 보면서 고향을 떠났던 청년들이 농촌의 가능성을 발견하고, 마을의 가치를 깨닫게 된 거예요. 신외 마을 어르신들은 젊은이들이 마을에 관심을 갖고 돌아오기 시작한

점이 축제의 가장 큰 수확이라며 기뻐하고 있어요.

'봉선'은 마을에 들어서면 가장 먼저 눈에 들어오는 산봉우리의 이름이에요. 신외 마을의 정기를 담은 이름이라고 할 수 있지요. 비슷한 농촌 체험 축제가 즐비한 요즘 어떻게 특별한 이름을 지을까 고민하다가 마을에서 가장 높은 산봉우리 이름을 따서 축제 이름을 지었답니다.

봉선 축제에 가면 마을의 오빠와 누나, 할아버지, 할머니가 전부 나와 축제를 찾아온 사람들이 다양한 체험을 재미있게 즐길 수 있도록 친절하게 안내해 줘요. 포도 따기, 옥수수나 고구마를 심고 재배하기, 미꾸라지 낚시 등도 할 수 있지요. 그중 옥수수 밭에서의 보물찾기는 봉선 축제의 빼놓을 수 없는 재미예요. 드넓은 옥수수 밭에서 쪽지를 찾으면 옥수수로 바꿔 주는데, 인심 좋은 신외 마을 사람들은 옥수수를 아주 많이 안겨 줘요. 또 마을 청년이 끄는 경운기를 타고 농촌 들녘을 신 나게 달리는 기분은 일품이랍니다.

마을 어르신들이 직접 만든 음식들로 베푸는 점심 잔치상은 봉선 축제의 자랑이에요. 봉선 마을 사람들은 축제에 참가한 사람들뿐만 아니라 우연히 신외 마을을 지나가던 나그네에게도 인심 좋게 맛난 음식을 나눠 주지요.

비슷비슷한 농촌 체험 축제가 많지만, 봉선 축제처럼 마을 사람들이 자발적으로 축제를 통해 화합을 도모하는 축제는 찾아보기 힘들어요. 도시로 떠난 젊은이들을 돌아오게 만드는 축제도 마찬가지지요. 봉선 축제는 축제가 지역에 어떠한 변화를 가져오는지 알려 주는 특별한 축제예요. 축제가 아니었다면 신외 마을도 텅 빈 농가와 노인만 모여 사는 힘 빠진 농촌이 됐을지도 몰라요. 그런 의미에서 신외 마을의 봉선 축제는 축제의 진정한 의미를 살린 최고의 마을 축제라고 할 수 있어요.

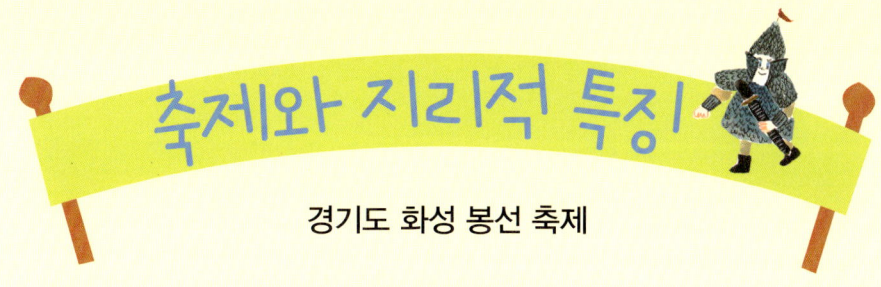

### 경기도 화성 봉선 축제

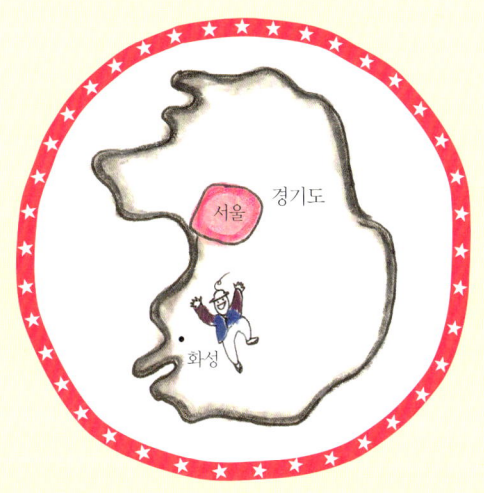

#### 공룡들의 놀이터, 화성

　봉선 축제가 열리는 신외 마을 바로 옆에는 시화호의 남쪽 간척지가 넓게 펼쳐져 있어요. 바닷물이 막히기 전에는 사람이 살지 않는 섬이었지요. 그런데 이곳에서 무려 200여 개에 달하는 공룡의 알이 발견됐어요. 학자들은 중생대 백악기(지금으로부터 1억 년 전)부터 시화호에 바닷물에 의해 퇴적층이 형성됐다고 말해요. 시화호의 바닷물이 빠져 나가면서 공룡 알이 드러난 거예요. 알에는 풍화와 침식에 의해 깎여 나간 자국도 보이고 있어요. 앞으로 계속 뻘을 걷어 낸다면 얼마나 더 많은 공룡 알이 나올까요? 공룡들의 놀이터였던 시화호에 가서 생각해 봐요.

# 김제 지평선 축제

**물을 다스리던 옛사람들의 지혜를 축제로**

전라북도 김제는 우리나라에서 매우 드물게 지평선을 볼 수 있는 고장이에요. 우리나라에서 가장 넓은 곡창 지대이자 우리나라 대표 쌀 생산지로 넓은 논밭이 끝없이 펼쳐져 있어 하늘에서 내려다보지 않고는 넓이를 가늠할 수 없을 정도지요.

매년 가을 수확이 끝나면 김제에서는 지역의 안녕과 풍년의 기쁨을 나누기 위해 지평선 축제를 열어요. 지평선 축제는 벽골제를 중심으로 들녘과 박물관에서 골고루 펼쳐지지요. 벽골제는 삼국 시대부터 벼농사를 잘 짓기 위해 설치한 수로 시설, 그러니까 벼농사에 필요한 물을 가두어 놓던 저수지예요. 우리나라에서 가장 오래된 저수지지요.

삼국 시대에 만든 저수지가 어떻게 지금까지 남아 있냐고요? 저수지의 원형이 남아 있는 것은 아니에요. 저수지 둑과 일부 비석만 남아 있어요. 하지만 수로 시설의 흔적이 곳곳에 남아 있기 때문에 김제에 가면 꼭 벽골제를 보고 오세요. 삼국 시대에는 저수지와 수로가 어떤 모습이었는지 엿볼 수 있는 매우 중요한 학습장이니까요.

축제는 '단야'라는 소녀를 추모하는 제사로 시작해요. 단야 낭자는 벽골제를 쌓던 당시, 자신을 희생해 벽골제가 제대로 축조되도록 도운 소녀 영웅이에요. 전설에 의하면, 벽골제에는 원래 백룡과 청룡이 살고 있었대요. 착한 백룡과 달리 성질이 사나운 청룡은 이따금 폭풍우를 일으키고 저수지와 집을 무너뜨렸지요. 심할 때는 사람의 목숨도 해쳤어요. 백룡은 청룡에게 그러지 말라고 충고했지만 청룡은 백룡의 말을 무시하고 계속 날뛰었어요. 결국 백룡과 청룡 사이에 싸움이 일어났고 벽골제는 언제 무너져도 이상하지 않은 상태가 되었어요. 사람들이 벽골제를 보수하려 하자 청룡은 안전한 저수지 보수와 풍년을 보장하며 김제태수의 외동딸 단야 낭자의 목숨을 요구했어요. 단야 낭자는 수많은 사람이 죽음을 무릅쓰고 쌓은 벽골제를 지키고 풍년이 들게 하기 위해 기꺼이 목숨을 바쳤지요. 청룡은 단야 낭자의 거룩한 희생정신에 감동해 더 이상 마을에 해를 끼치지 않았어요.

단야 낭자 추모 제사가 끝난 이후에는 전통문화 체험, 생태 숲 체험, 줄다리기, 전국 학생 사물놀이 경연 대회 등 다양한 축제 프로그램이 진행돼요. 어린이만을 위한 프로그램도 많아요. 소가 끄는 달구지도 타고, 직접 쌀을 빻아 떡도 만들 수 있어요. 어둑어둑한 밤에는 횃불 퍼레이드가 펼쳐지고요.

김제 지평선 축제에는 특히 눈길을 끄는 제도가 있어요. 바로 지평선 사랑방 제도예요. 김제 어르신들은 축제 기간에 찾아오는 사람들이 아름다운 지평선의 정취를 만끽하고 편히 머물다 가기를 바랐어요. 그런데 시골에는 멋진 호텔이 별로 없잖아요? 그래서 마을의 경로당을 외지 사람들에게 내주기 시작했지요. 그야말로 지평선 위 사랑방이에요.

김제 사람들은 옛날부터 벼에 인간을 도와주는 착한 영혼이 깃들어 있다고 믿었어요. 그 덕분에 벼농사가 발달하고, 최초의 저수지를 세울 수 있었지요. 2천 년 전 선조들이 물을 어떻게 다스리고, 활용했을까요? 김제 지평선 축제에 참여해 우리 선조들의 지혜를 조금이나마 느껴 봐요.

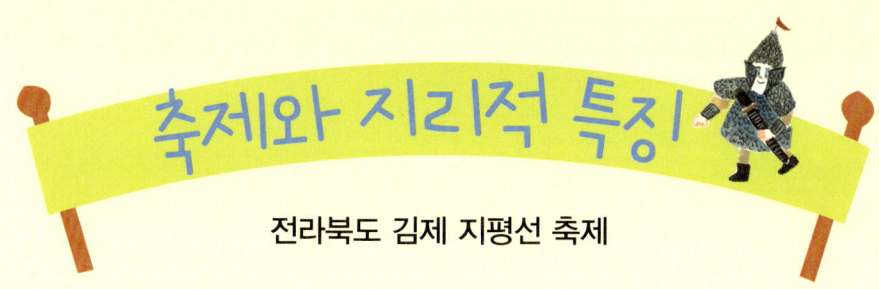

### 전라북도 김제 지평선 축제

#### 우리나라 최대의 평야

김제평야는 우리나라에서 가장 넓은 평야예요. 동쪽의 노령산맥이 오랜 침식과 풍화를 거치며 낮은 구릉지를 형성하고, 북쪽으로 흐르는 동진강과 서쪽으로 흐르는 만경강이 서해와 만나 넓은 충적 평야를 이루었지요. 김제평야에서 농사를 짓던 옛사람들은 농업용수의 원활한 공급을 위해 우리나라 최초의 저수지, 벽골제를 지었어요. 벽골제라는 이름은 백제 시대 김제의 이름 '볏골'을 한자로 옮겨 적은 데서 유래했어요. 벽골제는 밀양의 수산제, 제천의 의림지를 포함해 우리나라 3대 저수지로 손꼽혀요.

# 증평 장뜰 들노래 축제

### 농부들의 힘겨운 삶이 녹아 있는 축제

농요는 농부들이 들판에서 부르는 노래예요. 들녘에서 부르는 노래라서 들노래라고도 하지요. 시골에서 농부들이 농사를 지으며 흥얼흥얼 부르는 들노래를 직접 들어본 적 있나요? 없다고요? 그럼 매년 6월 충청북도 증평에서 개최되는 '장뜰 들노래 축제'에 가 봐요. 농부들의 실감나는 들노래를 직접 들어 볼 수 있으니까요.

"어기여차, 김매러 가세! 콩도 심고 팥도 심어, 풍년 되면 노래하세!"

'장뜰 들노래 축제'는 농촌을 배경으로 한 축제 중 가장 이색적이에요. 모든 방문객이 시골 마을 논두렁을 맨발로 걸어 다니면서 들노래 삼매경에 빠진 농부와 뒤섞이지요. 최고의 농촌 체험 축제라 할 수 있어요. 그런데 장뜰이 뭐냐고요? '장뜰'은 아주 오래전부터 증평 사람들이 부르던 고장의 옛 이름이에요.

장뜰 들노래 축제에 가면 우리 고유의 농촌 공동체 풍습 '두레'도 볼

수 있어요. 혼자 하기 힘든 모내기, 밭매기 등 큰일을 집집마다 하루씩 돌아가면서 동네 사람들과 서로 나누어 하던 풍습이지요. 들노래는 농부들이 한자리에서 같이 일하면서 자연스럽게 흥얼거리던 노래고요.

일하면서 부르던 노래라 그런지 들노래의 가사에는 다양한 지역민의 삶이 드러나 있어요. 요즘은 전국 곳곳의 농부들을 초청해 다양한 지역의 들노래를 들어 보는 시간도 있어요. 들노래를 통해 다양한 지역 사람의 고민과 바람, 흥을 엿보는 거예요. 더불어 증평에 가면 모 심을 때 부르는 노래, 소 몰 때 부르는 노래, 방아 찧을 때 부르는 노래 등 생소하지만 신기한 들노래도 전부 들어 볼 수 있어요. 농사일을 하던 할아버지들이 들노래를 부르다 신나서 춤판을 벌이는 모습도 볼 수 있지요.

증평 사람들은 왜 들노래를 가지고 축제를 만들었을까요? 아마도 점점 잊혀 가는 들노래를 되살려, 그 속에 담긴 의미와 가치를 후손들에게 전하고 싶었던 것이겠지요. 이것이야말로 진정한 축제의 숨은 기능이라 할 수 있어요. 들노래는 소중한 우리 문화유산이지만, 축제가 아니면 간직할 수 없으니까요. 장뜰 들노래 축제는 소박하지만 중요한 역사적 가치가 있는 소중한 우리 들노래를 간직하고 보존하는 중요한 축제예요.

# 축제와 지리적 특징

## 충청북도 증평 장뜰 들노래 축제

### 농경문화의 보고

들노래는 농사짓기에 적합한 평야를 중심으로 발달했어요. 평야는 역사·지리적으로 농업이 발달한 지역이지요. 예를 들어, 전라도의 김제평야와 만경평야에서는 옥구 들노래가 유명해요. 함평평야와 고막평야에서는 함평 들노래가, 나주평야에서는 나주 들노래가 유명하지요. 경상도에서는 고성평야의 고성 농요와 낙동강 유역의 비옥한 평야를 토대로 발달한 예천의 통명 농요가 유명해요. 들노래 축제가 열리는 충청북도 증평은 전라도와 경상도의 중간 지역으로, '들노래'와 '농요'를 가르는 역할을 하지요.

부록

## 작지만 알찬 축제 만들기

1. 어떤 축제를 만들고 싶은지 상상해요.
2. 왜 축제를 만들려고 하는지 깊이 고민해요.
3. 축제의 주제를 정해요.
4. 예산을 확보해요.
5. 축제 장소와 기간을 결정해요.
6. 축제를 함께 만들 친구들을 모아요.
7. 아이디어를 모아 재미있는 축제 프로그램을 짜요.
8. 홍보와 마케팅으로 축제를 알려요.
9. 안전에 특별히 주의해요.
10. 축제 후 깨끗하게 뒷정리를 해요.
11. 축제가 끝난 뒤, 잘한 점과 부족한 점을 냉정하게 반성하고 서로 격려해요.
12. 축제 자료를 보기 쉽게 정리해요.